戀愛課

戀人的五十道習題

陳雪

目次

輯一

輯二

輯三

【私語集】

輯一

「如果我不了解愛，了解其他一切又有何用？」

韋勒貝克《情色度假村》

「我想和你生活在一起。我覺得到此為止夠了，我們到現在不幸地夠久了，太久了。之後我們會生病、不良於行、死亡，但我相信我們在一起會快樂，直到最後，至少我想試一試。我想我愛你。」

韋勒貝克《無愛繁殖》

關於「自我」

你在每一段愛情裡精疲力竭，後來終於發現問題並不總在對方的負心。所有愛情的問題都是「自我」的問題。

一旦戀愛你就看不見自己，眼中只有愛人，世界圍繞著他打轉，能做的做了，沒能力做的也勉強做了，你以為這樣他會快樂，而他快樂你就會快樂。你以為愛情應該「相互扶持」，卻不知道你自己的行為叫做「單方面付出」……因為在付出的行為裡，你才能感到安心，一旦愛情出錯，人生全盤毀滅。

是該停止這樣的循環，獨立去解開自己人生的問題了，你對自己說，該從哪兒開始呢？你問自己，「我的人生究竟出了什麼差錯？我自己究竟想要怎樣的人生？我能如何為自己付出？除了戀愛，我真正熱愛的事物是什麼？如何在愛情裡，還能保有自我？……」

靜夜裡，你忍耐著不傳簡訊給他，卻寫下了成年之後第一篇日記。

關於「心動」

盡情地去愛，去愛那你原本愛上的部分，那最初使你心動的剎那，某一個難以言喻的瞬間，可能是某一個姿勢、表情、眼神、動作、一句話、一個傻氣的舉動……

就用這個支撐起所有愛情的核心吧，那最初的一眼是不會錯的，其他都是相處的技巧了。

技巧可以學習，關係可以磨合，唯有最初使你心動的那個原因是學不來的，你可能會幻滅，可能會失望，但也有可能那其實就是這個人最珍貴的特質，你在第一眼已經辨認出來，後來才被現實生活的種種消磨損耗。

很有可能你最初愛上的特質，其中也包含了許多後來你慢慢會不愛的缺點。

但如果那個使你心動的特質還存在，這個人還是那個人，那麼就一起把被磨損的部分打亮，學習理解人的不完美、相處的困難、人生的孤獨。

是啊，相愛的人依然是孤獨的，愛情無法使你避免人生的困難，愛只是使你看見它，然後孤獨地去面對，因為愛不是靈藥，愛是即使在孤獨中依然可以付出力量，「愛」是：我珍愛你的脆弱孤獨，你的彆扭，你的生硬，你的艱難，愛是正因為我知道我可以穿透那些硬殼看見最脆弱的你，那無意間暴露在我眼前的，使我想要細心愛憐。愛也可以讓我穿透我自己堅硬的外殼，願意承認受傷。

愛是兩個人都主動地想要改變自己，使自己更懂得去愛，於是沒有一方在抱怨。

對不起，或許我也不知道愛是什麼，但我知道愛不是什麼，愛不是需要，愛不是依賴，愛不是抱怨，愛不是要求，當一切都困難得無法繼續時，可以反過來想著：「我有在愛你嗎」「我依然愛你嗎」「我這樣做是在愛嗎」。

只問自己。

只回答自己。

你會有答案。

因為最重要的也就是這樣，謝謝你讓我感受愛，謝謝你讓我學習與人親密，謝謝你曾經或往後還會有的陪伴，但願我真的愛到你了，但願我能使你感到幸福。

關於「原諒」

你說，與他分手過了許久，已經與別人戀愛了，幸福生活裡你偶爾仍會噩夢，夢裡，你獨自回到那個小鎮，循著舊路似在尋找什麼，忽然一扇門開，你攀上樓梯，一級一級，來到那學生公寓的三樓，拿著手中鑰匙開門，鑰匙不合，但門卻開了。

門後是那樣的學生世界，凌亂的房屋，兩張書桌並列，兩張單人床併成雙人床，屋裡到處掛有女孩子氣的衣裙，你走逛著，並不知道為何自己來到此地，繼續走著走著，突然腦中清晰一念頭，「這是他與她的住處啊」，你羞愧又懊惱地奪門而出，樓梯長得像無止盡，終於打開大門，天光湧進眼中，幾乎令你目盲……

現實裡的你，一次也沒見過他們相處的樣子，而那空白的畫面卻成為夢裡燒灼不去的場景，無人在場的羞辱，自己像是個闖入者。

對於當初發生的事，你其實什麼都不知道。你所知的僅僅是他有了外遇，而對象是總在他身邊盤旋不去，他卻是強調「我們只是朋友」的人，「什麼時候發生？」「如何發生？」「為什麼發生？」「多少次？」即使你苦苦追問，他從來不告訴你。

答案無從追溯，他不願分手，卻也不做選擇，於是你做出了決定。

經過很久之後，久得彷彿當初的戀愛與分離都成為別人的故事，久得連夢見他都覺得陌生，然而那個夢境卻透露出你自己都沒有發覺的事實，那個封閉的房間裡發生的事，原來一直刺傷著你。

你以為自己並不責怪，無論情感層面理性層面，你都能說服自己理解，路已經走到盡頭，沒有復合可能，你只是想要停止傷害，但奇怪的是，你越是覺得自己可以理解可以諒解，你願意友善待人，願意祝福他們，當不成戀人，好像也可以做朋友，但隨著時日過去，你心中有某個什麼日益壯大，你與他的「舊帳」就清算不了，每次聯繫，從互相問候，演變成失控的「互相叫罵」，兩人都後悔不已。那變成一個各說各話的結，堵在腦中，久而久之變成創傷。

大約過了兩年，你們終於不再聯繫，有人說：「不愛也是一種愛」，這句拗口的話，就是雙方在沒有能力繼續實現相愛的狀態下，發出最後一點力氣「阻止傷害」，失聯、斷訊，有時，在不得已的狀況下，也是一種愛的方式。

你什麼都理解，但你生氣、難過、憤怒、悲傷。沒有出口。

我想對你說，表達憤怒，凝視憤怒，看見憤怒之所在，願意將那憤怒表達出來，使之可以理解，使之找到出口，讓看似驕傲卻無比脆弱的自己已有機會承認：「是的，我受傷了。」

是的，當時你心碎了。

是的，即使你有一份善意，但現在無法照顧對方的情緒，你需要「失聯」。

是的，很久之後你會知道感到受傷不是因為被欺騙，而是因為自信不夠，自尊太強，是因為自己的脆弱，但現在，就是現在，你不想對自己那麼嚴格。我想，你有權利生氣。

即使這些話從來也沒機會說出口，但允許他們在腦中爆炸，把自我防衛、教養、理性、溫柔，都炸開成一地殘骸，讓眼淚有合理落下來的機會，即使只有一次，一刻鐘，讓該有的憤怒、委屈、悲怨，從一直壓抑著的內心，像一朵花徹底盛開。

然後慢慢凋落。

很久之後，我們會從懂得憤怒，進而控制憤怒，從理解悲傷，到釋放悲傷，我們會從那有機會被承認的痛苦裡，找到諒解的方式。

到那時，你會想對他說：「我早就原諒你了」，你終於可以說：「原來遺忘比原諒來得更早，請你也原諒自己吧！」

關於「相處」

「相處」是落在凡間的愛情，有風化崩壞的危險，但幾乎沒有真心相愛的戀人不願意進入「真實相處的狀態」。相處是從熱戀瘋狂裡回魂的戀人第一件遭遇的現實，愛情萌生的剎那與世間一切無涉，完全是感覺，是心意，是靈犀相通，是某人橫切入你生命你的人生就此不同了的「石破天驚」，是「過去我算白活了」的幡然覺醒，是「為什麼我不早遇到你？」「這世間除了你我什麼都不要」的斬釘截鐵。

除非情場老鳥且深知眼前一切只發生在夜晚，酒精消退，黎明到來前就會消散，或換言之就是「一夜情」，否則，戀人們從渾然忘我，三秒膠似地貼合狀態下退去，還是想要繼續「相處」。

當然，最開始的相處都是在約會，甚至也不那麼約會，約會是戀情發生前的基本動作，類似於追求。戀愛後的相處，最開始都是在纏綿，纏綿於花影下，路燈前，纏綿於床鋪間，車廂裡，纏綿於大庭廣眾，纏綿於私密空間，再拘謹的人恐怕也都經歷過這麼一小段神魂顛倒「目中無他人」的時期，兩人像是雙生子，一見面就要化成連體嬰，彷彿隨著對方的離去也帶走了你身上的什麼。得見到她才能找回來。

真正進入相處差不多是起首於要每次都能順利地從床鋪離開，差不多會開始於在餐廳時你會關注餐點的價格，你能安心地大快朵頤，開始於你會把不想吃的蔬菜撥到他盤子裡說：「可以麻煩幫我吃這個嗎？」的小小任性。開始於從高級餐館落到地方小吃的時刻，「過日子啊，總不能天天上餐廳」，開始於某人想要為另一人洗手做羹湯，開始於，吃完飯到底誰洗碗。

甚至有些相處的開始得要經過第一年的生日，「該買什麼禮物？」「哼哼他竟然買了這種禮物」「想不到他完全忘記了」「我們在一起也快一年了。」

這些點點滴滴的滲透，起因於「好想繼續在一起」，「想要一直見到你」，當然，有些人在戀愛第三個月之後就開始吵架了，也有人第二週之後就「沒那麼想常常見到你了」，讓我們回到那些還未曾厭倦，還沒有被現實打敗的戀人身上。

進一步的相處，很快就會進入「同居與否」的討論。有較多失敗戀愛經驗的人也未能避免渴望同居的念頭，雖說有人會在某次行李被丟在街上、或請警察把對方從屋裡請走等悲慘的經驗後，發下毒誓「再也不寄人籬下」、「誰也別想再擁有我家的鑰匙」，或者真的就感覺「一個人生活好輕鬆」。

有些同居的討論期會非常漫長，比如有一方住在家裡長期過著不用繳房租的生活，比如工作地點一東一西到底要搬到哪兒去是個麻煩，比如，我想要交通方便你一定要附近有公園，比如，你喜歡有管理員的新大廈，但我只付得起頂樓加蓋的房租。

雖說準備更長時間的相處，但一開始準備的都是處理現實問題，「養貓嗎？」「狗怎麼辦？」「天啊冰箱有兩台！」「要把跟了我十年的單人床換成雙人的嗎？」

假設經過各種討論、協商，甚至妥協，你們終於找到負擔得起也堪稱喜愛的房子了，會度過另一階段的蜜月期，一起推著車子逛IKEA，一起刷油漆，一起選購窗簾與床單的花色，有一段時間你們會熱中於房屋的擺設更甚於外出看電影（當然也可能是搬家太花錢了，正在縮衣節食），但也可能有人在選擇冷氣買新的還是二手的這過程因為價值觀不合就分手了。

對，還是回到現實面，相處繼續。

說實話，接下來有一大段漫長無盡頭的「面對現實的相處期」，比「誰洗碗」更複雜的家務分工來了，比「如何擠牙膏」難度更高的「誰去倒垃圾」來了，比「他睡覺會打呼」更嚴重的可能是，有人「脫下襪子就亂丟」、「沒換睡衣就上床」（奇怪啊當初熱戀時我們連鞋子都沒脫就上床呢）。

千奇百怪的問題像雨後的蘑菇紛紛長出來了。

這就是「相處」，不是那種你儂我儂不需開口說一句話什麼都可以溝通的「見面」，不是那種「好好好，什麼都依你」，「只要你快樂我就快樂」的一面倒贊同，不是一週一次每次都像要把人生全部傾倒的傾注熱情，回家後想到對方的臉還會感到顫抖的「約會」。

相處是一種奇怪卻又無可取代的戀愛方式，意味著兩人將把生活向對方打開，並融入他人世界裡，開始得浪漫，進行時絕不輕鬆，我不知道有多少人會在這過程裡忿忿想到「我們已經不是愛了吧」，或者哀嘆著「唉啊變成老夫老妻了」，甚至一遇到挫折就想著「下一個會更好」。倘若可以順利變成已經磨合到水波不興的老夫妻狀態，而非一下子就放棄直接跳入死水期，那倒是令人生羨。

但相處的重要，就在於那互相看見，互相揭露，並從這照見對方的同時看見自己的過程，細緻而緩慢是必要的，耐性是前提，包容是秘訣，讓對方自由是要素。相處意味著你想要擁有比「性愛」更多的接觸，你想知道他早餐吃什麼，喜歡到哪兒買東西，但這也意味著，你們必須一同經歷的，可能不只是用餐、同眠、共用一個浴室這麼簡單的部分，隨著相處時間的增長，你可能會看見他的焦躁、憤怒、易感，你可能會驚覺她會對著電視機大罵名嘴，會盯著電腦螢幕幾小時不吃不喝地打電玩，你可能會反感於「他是個吝嗇的人」、「她真的好愛買」，你可能會與她一起經歷「創業危機」、「中年危機」甚至是「更年期危機」，你可能感受到負面的情緒還比正面更多。

但你們還是相處著，不是因為已經成為習慣，不是為了搬家麻煩，也不是為了兩個人可以租比較大的房子，如果你們能從這些看似充滿差異，磨合困難，浪漫不再的日常生活裡，發現這些原來都是愛情的進階考驗，已經從「戀愛期的角色扮演」真正進入向對方展現自我的階段，這個時期幸運的話會很長，會讓你們累積出只有纏綿悱惻時無法累積的深厚情感，當然也可能很短就讓你們醒悟「我們不適合」，有人還是想要過著浪漫的約會生活，有人以為發現了對方生活裡的真實面貌突然愛就消失了。

那種虛幻的愛，放他走，不可惜。

我深信愛需要落實在生活裡才能更加深長，亦可以使彼此豐富，即使你們相隔兩地，並未擁有共同生活的條件，「相處」可能不只能透過同居，因為有許多人同居也不相處。

熱情的愛朝生暮死，壽命短暫，我們需要為它灌注活力與能量，而「相處」是最好的活水源泉（儘管大多數的人將它弄成了見光死），遠距離的戀人見面時也要多相處，透過生活裡的點點滴滴，散步、逛街、運動、用餐，認識對方的朋友、家人，理解他的工作、愛好，甚至認識他的人生價值，他之所以成為你所愛的樣子的「全部人生」，你也把自己介紹給他，像是可以因此再經歷一次童年、少女、青春，再認識自己一次。

倘若幸運，你們可以相處很久，在偶爾發作的小爭吵，一年一度的大爭吵之中，度過一年又一年，倘若你們夠努力，沒有因為相處久了就懶散，倘若在彷彿唾手可得的狀態下，仍愛重彼此更甚過熱戀時期，倘若你們能穿過那些看似不浪漫不可愛討厭死了的「一個人的時候根本不需要處理」的問題，所謂「相處」，是更全面更深刻的戀愛，因為與她長時間相處，你看見了自己與對方的缺點，卻奇怪還是那麼地愛她，或者你透過他眼中起初看見的是「不可愛」、「不完美」的自己，透過深刻的相處，你會逐漸找到自信，相信愛情不只是曇花一現，愛並非只發生在昏暗的夜晚、在精心打扮之後，你會在床榻上、虛弱間，會在流淚時，會在兩人可能各自看著報紙電視玩臉書的時候，心中沒有恐懼地感到舒服自在，你花費心力去與她認真相處的同時，你也與內心深處那個不輕易現身的自己相處了。

相處是漫漫長路，但在愛情裡，誰想要看見盡頭呢？即便是在爭吵裡，若你們還愛著，即便只是住在頂樓加蓋，若你們總是體諒著要讓對方快樂，你會希望這條路永遠也走不完，重複一千次的風景，因為日常，因為重複踏過，因為真正經驗過，那變成你最愛的光景。你偶爾會想起那鏡花水月般激情狂戀的時候，摸摸微突的小腹，彼此督促著「該運動啦」，倘若你們總是不放棄相愛，不讓惰性左右，這尋常風景裡，或許只是在某個開門的剎那，已經見過千百次的景象，她正在屋裡忙碌，貓咪走來你身旁，你因工作勞碌癱坐在沙發上，因為這些再平凡不過的景物，使你激動得想哭。

因為，這世上，有人與你為伴，而且是基於愛的緣故。

關於「同居」I

年輕時我總是莫名其妙就跟情人同居了，感覺就像提著包包，就走進了別人家，或者相愛正濃，情人要搬家，就把我也搬過去，當時生活迷迷糊糊，同居像是一場夢，無論是美夢或噩夢，我幾乎都以逃走為結尾。到台北生活之後，同居變成省房租的方法，當時太窮，因為在家寫作，又畏懼生人，根本無法與人分租公寓，情人變成最理所當然的「室友」，那次的同居是災難，從頭到腳的不對勁，兩人時常爭執，瘋狂大吵，分分合合，弄到後來幾乎精神崩潰。

後來我決心獨居。找到了一個高樓小套房。我以為我會在那兒終老。

174
15

174

與早餐人重逢後，我們許多次討論同居與否的問題，即使已經結婚，也不覺得就一定得同居，想來我們都經歷過多次的同居生活，都覺得自己是適合「獨居」的人。

從我偶爾到你那裡住，到我常常到你那裡住，變成真正地同居，這一次是真的了，無論是她工作時間或性質的改變，或者我出差、寫長篇、打書等週期生活模式的變遷，我們切切實實經歷了這兩年的同床共枕，只有偶爾吵架時她才睡在客房裡。

我一直不是喜歡與人同睡的，因為有睡眠問題，特別容易驚醒，為了睡覺時間也做了很多次的協調，後來或許是習慣了，反倒覺得有她在旁邊可以睡得更安心。夜裡作噩夢了，醒來發現她在，就又放心睡了。

但，在我們來說，同居一直都不是為了好處，而是學習共同生活，就戀愛的角度，同居或許會減低愛情的強度，它會把一段曾經濃郁的愛變成清淡如水，甚至，變成時有苦澀的日常生活，我想我們都還是可以獨自生活，只是，我們希望可以陪伴彼此，進入彼此的生活細節裡，於是住在一起。

你是如此深愛一個人，盼望與她一起度過晨昏，盼望與她一起飲食，你是如此愛重一個人，你透過她的生活用品、衣衫鞋褲來理解她的生活用度，你是如此熱愛這個人，並非要與她緊黏在一起，而是，發生重大的事情時，你盼望自己能在她身邊。

有許多非常個人的小習慣，那些象徵著「自我」的堅持，漸漸消融了，你曾經感到不安、不習慣，然後你穿越了那些不安、不習慣，你以為會使你的自我消失，但那卻是使你的自我更加成熟，一個可以包涵他人的自我，一個能夠與他人相處的個體，不知為何，使你感覺自己更加完整了。

我想不是因為避免了孤獨，而是因為學會了不逃走，那讓我喜愛自己。「承擔責任，解決問題」，這兩句早餐人送給我的話，一直保護著我，在一份互有承諾的愛情裡，這兩句話也保護了我們的生活。

正如我相信馬拉松式的寫作，我也相信馬拉松式愛情，這未必合適每個人，但適合我們，一時一刻的快樂要珍惜，一時一刻的困難也要克服，非常奇妙地，雖然只跑到第四年，我們漸漸調勻了呼吸，可以開始看風景了。

你是如此寶愛一個人，所以與她一起創造了一份共同的生活。路很長遠，要堅持。

關於「同居」II

年輕時的同居，沒準備，物質上沒有，心理上也沒有，憑著就是一股愛意，曾與愛人擠在一個小套房，後來搬到偏遠鄉間，沒開車的我出入極為不便，住的地方什麼像樣的家具也沒有，一張雙人床墊擺地上，屋裡貓狗亂竄，那時不感覺生活苦，比較大的問題是工作忙碌，工作上是夥伴，又住在一起，簡直二十四小時全年無休地相處，那時，真的很需要獨處。

那些倉皇歲月裡，我沒弄清楚問題出在哪，總以為換了對象就會變好。

三十歲之後的同居，心理上準備了，物質上沒條件準備，我記得與那任女友的相處，幾乎是一開始就後悔了，因為年齡或背景差異，飲食起居都不合，我覺得她依賴，她覺得我任性，生活裡是沒完沒了的爭執，時時的不安籠罩著我們，當時我常得出差，每次出遠門，電話總響個不停，安撫、規勸、哄騙，弄到後來自己都生氣。家成為我想逃避的地方，有時，大半夜裡，我只想捲包袱跑路。

有了自己的小套房，以為再也無須帶著行李跑路，喜歡孤獨，卻害怕寂寞，我總在一段感情結束後，又投入另一段，我以為可以規避過去犯下的錯誤，但逃過這一個，避免不了下一個。愛的路上滿是坑洞啊……

一段遠距離的戀愛，讓我真正學會了獨處，或許就是太會了，我逐漸感覺不到自己與她的連結，起初的濃情密意，沒幾個月就消失，愛還是在的，卻找不到確切的形式安放，我記得那時，飲食起居也都不同，後來連一起去吃飯都變成一種妥協再妥協的結果，大抵是那時我逐漸吃素了，我逐漸感覺自己似乎不需要緊密的關係，我記得每個寒暑假好不容易到來的同居，總會讓我手足無措。

她投奔別人，我自己有責任。

後來與早餐人的同居，事前的準備實在太周詳，有一度我覺得我們不會同居了，累積太多血淚教訓，又始終沒有把生活條件改善好，非常恐懼同居是另一場噩夢開始。

但我一直在找房子，一直在尋找適合同居又可以給對方空間的住處。

後來同居，真的是憑著一股衝勁。

許多事如同一般人那樣，如何地搬家，如何靠著許多朋友的幫助，在早餐人工作最忙碌時進行這麼一場兩家混為一家的大工程，我真要說，同居不是兒戲，一點也不好玩，那不是IKEA逛逛把家裡布置得美美的，像偶像劇的情節。同居，我感覺就像器官移植。首先得找到合適對象，然後要處理排斥問題。

我與早餐人之間，遠距離的問題克服了，單人床換了雙人床，小套房換到大公寓，各自生活習性不同，睡覺時間調了兩年才終於靠近了，一起早餐是生活的助益，幸而我們飲食口味相近，或許是年紀的緣故吧，我已經不吃素了，但還是喜歡清淡飲食。

要列舉同居的優點與缺點，還得再寫四篇才行，有人問起，因為同居之後感情變得平淡，如何激起火花？我想，每日相處感情會從激情變成深情，如果因此變成習慣，變成漫不經心，甚至覺得彼此是負擔，那就是需要坐下來好好談談的時候了，同居不是萬靈丹，也不是愛的殺手，「漠視」與「逃避」才是愛的死敵。不想面對問題、解決問題的人，不願意用成人的方式解決相處的困境，只想透過換一個對象來激起刺激，同居就是幫助愛情奔向毀滅的加速器。

生活起起落落，我忙完換她忙，有時她累了，有時我累了，但我始終保持著謹慎的心情，記得要善待對方，我總會想起這十年來我們是多麼不容易才能走到這裡，會想起她是如何為我付出，等待，因而不去計較許多生活上細碎的小事，無論對於金錢、家務、彼此的工作，我們總是一起分攤的，因為艱難的生命走到此處，我們再也不想分開了，會盡力去避免使關係崩壞的決定，我覺得那是可以選擇的，選擇任性地過自己的生活，或者選擇一種讓關係更好的生活，年輕時我選擇放棄，現在的我選擇堅持。

夜裡，有時她還沒回家，我獨自看書，像獨居時那樣轉開收音機，聽著廣播，會有一種獨居的錯覺。同居是負荷，就是兩個人一起把家扛起來了，再也不能愛幹嘛幹嘛，不能離奇失蹤，不能不告而別，晚歸時要記得打電話，出遠門，要記得關心對方。有問題，得溝通再溝通。

一起去金門，我去演講時，早餐人自己騎單車去逛逛，我想那時刻的她一定非常愜意，感受到自由的快樂，正如有時我到遠地去宣傳，漫長車程裡一個人的時光，那些一個人的自由時刻非常珍貴，卻也讓我更理解為何我們要同居，為何要建造一個家，要花費這麼多力氣維護，那仍像最初我們結婚時的誓言，一切是心甘情願的，無論對方在什麼狀態，願意盡全力守護她，照顧她。愛是一種負荷，能夠承擔起來的人才得以使愛實現。

彼此都真正投入心力的家是不會輕易崩潰的，即使達陣次數變少了，你們還是那麼親密，即使時常相見，你們依然會想念對方，你們都還在學習，如何夠親密，也夠自由，你們仍在克服那些隨著歲月而來生命的變化，即使，人們都說同居是愛情的殺手，你也願意全力一搏，努力以赴。因為你知道你努力的時候，她也正在努力著。

關於「安定」

年輕時真是無法想像未來自己會變成什麼樣，活得那麼倉促，彷彿沒有任何喘息的時間可以靜下來，認真地，審慎地，做一個決定。

那時我內心有巨大的空洞，我渴望一次又一次令人忘我的戀愛忘卻自己的空洞，當時我非常沒有自信，妄想透過「被愛」來得到自信，等到被愛的時候，卻又矛盾地，首先是感覺到窒息，接著為了掙脫窒息，於是背叛、脫逃，因為這樣的行為，看著愛我的人變得瘋狂、痛苦、憤怒，我非但沒有得到自信，反而對於自己感到更厭惡，你好像知道自己並不是那樣惡的人，但為何做出來的事卻都帶來傷害。奇怪的是，因為身上帶著傷口，我吸引的也都是有創傷的人，我們的愛無法互相療癒，即便在戀愛初期，我們是多麼天真單純地以為「可以做到」，我記得一開始是愛的，而最後卻只能逃走。

那時，還沒有能力理解，一段愛情關係的啟動，除了愛的感受，還需要一連串的考驗，必須一關一關地推進，而中途會有多少阻礙，甚至，在發現無法同行時，還是可以用協議的方式，盡可能減少傷害，和平地解除關係。那時，總以為遇上一個人，必然要糊里糊塗栽進去，毫無道理地熱愛，甚至瘋狂迷戀，強烈如火的感情才叫做愛。那時，我還沒辦法好好地愛，似乎只是透過看見別人的深陷，感受到自己「可能是美好的」，也透過自己的深陷，感受到「我可能有能力去愛」。

戀愛時你會感到自己變得美麗，充滿魅力，這世上有人待你這麼好，自己必然是有價值的，甚至沾沾自喜，變得嬌縱，好像那份嬌縱也是要為沒有自信的自己增添信心，要為自己根本還不了解、甚至也無法相信的愛情增加籌碼，無論是我，或對方，都把愛情進行的「沒有對方不行」，卻又因為這份緊迫，導致自己承受不住而逃走。

彷彿什麼都來不及，要趕快，趕快。一直在企望，追求一份不一樣的生活，迎接的都是重蹈覆轍。

你說他背叛你已經三次了，你一次一次寬容，終於走到絕境，而他還是離開了你。

我多想對你說，沒關係的，放下他，找回自己的生活。現在會很痛苦，會感到心被撕裂，價值被破壞，彷彿存在這世間的理由完全失去了，你會感到挫折，覺得自己一定不好，不配被愛，你無想像接下來的生命該怎麼走，沒有他的人生，不情願活。

我在想，「他」或許也就像是當年那個只能靠著「背叛」來解決生命問題的我，他或許在進入穩定關係之前，還需要生命裡大幅度的探勘，他還要經歷自責、內疚、懊悔、歡快、得意、茫然、失落，還要在愛情裡經過一次又一次看似無望卻有意義的折磨，正如你一樣，儘管你是那個被留下來的人，感覺就像是被遺棄，但，或許這也是強迫你離開安全舒適的處境，將自己丟進荒野，重新學習求生，並且在孤獨裡認識自己的機會。

人要走到可以從容地選擇，並對自己的選擇堅持不懈，進入所謂的「安定期」，需要的其實就是這一段打造自己，尋覓自己，養成自己的過程，無論你是背叛的這個，或是被遺棄的那位，愛情就是用這樣激烈的方式，叫我們認清，不能依靠愛情，必須找到自信，學會愛人，真正能夠獨立，於是你能不被「孤獨寂寞」所媚惑，你不會逃進愛人懷裡尋求肯定，你不會患得患失，那才是你有機會好好談一場可以克服兩個完全不同的人之間的差異、所進行的「長時間的愛情關係」。

我不知道自己是如何安定下來了，我想我只是終於知道不要逃，靜定下來，面對一切困難，面對自己，無論多麼不堪的自己，無論曾有多麼難以告人的過去，真誠地面對，勇敢地擔負，並且除了愛情之外，充實自己的生命，看見世界的遼闊，我想，我就是從這艱難的學習中找到了一點點自信，並從而可以安定下來，堅持想要的生活。

關於「平淡」

你問我，兩人交往多年，感情變淡，不是不愛，但很像家人，該怎麼辦？

戀愛最初總是濃烈的，否則彼此無關的兩人怎麼黏合起來，隨著時日漸久，關係會產生許多變化，尤其同居之後，我聽聞許多人說，會變得像朋友、親人、室友。如果真是那樣，也就自然而去吧，因為愛情若無法隨著兩個人認識更深，相處更多而變得深刻與緊密，那份愛恐怕也是幻影的成分居多。

最初我們可能愛上的是那個天崩地裂時刻從自己眼中看見的幻影，兩人進入交往與相處，不能再緊抓著那份幻影來核對，而是真正面對彼此，透過一日一日的相處，學習理解他人，善待對方，從而也理解自己，善待自己。你們會驚訝發現，對方簡直跟自己想像得太不一樣了！這個落差會使某些人「幻想破滅」，但這種落差，也會使真正知道如何相愛的人，找到可以豐富彼此的方式。

我們若都只跟自己想像中的人物交往，過著「理想中」的生活，那我們幾乎可說沒有機會去愛，只像是棋子被安放在固定的位置，走該有的步法。但愛情裡沒有這樣的事，愛情是步步維艱，如臨大敵的。

愛情總是像在曠野中行走，在密林裡開路，每一個路徑都是你們一起開發出來的，兩人一起同甘共苦，一起摸索成長，一起面對「關係」裡種種難題，時間的累積，應該會使這份感情有更多可能。

可能愛得更濃。可能愛得更自由。也可能愛得淡薄，逐漸走散了。

當然，有許多人覺得感情變淡了，可能是跟從前比較，也可能是跟其他人比較，愛情變得像友誼，或許另一段友誼會開始變得像愛情了。這不是疑心病，我只覺得許多人一旦不想認真面對關係的難處，就會轉向尋求其他的關係，我們會把所有感情會遭遇的問題都當作必然，覺得「換一個人」才會改變。

關係不持續成長，就會陷入阻滯、僵化，甚至萎縮，這不是一方的問題，而是兩人要共同在相處的過程裡有所認知，關係逐漸走向衰退，許多時候都是因為彼此面臨了生活上的改變、人生的瓶頸，或是遭遇了巨大的變化，但伴侶或戀人沒有感受到這份變化，於是另一個人的步伐就逐漸落後了。

關係裡的一切，倘若不只是因為尋求刺激，尋找依賴，滿足幻想，倘若都是為了愛，願意讓自己像學徒那樣一點一點學習，「即使感情穩定也不偷懶」，許多人都是在進入關係後突然停止了人生的學習，也停止了愛的追求，只憑著彼此的好感維持感情，重複做著看起來是在對對方好，實際上對關係毫無幫助的事，放任情感自生自滅，這樣非常危險。

感情真的變淡了嗎？感覺真的像家人嗎？這些也可能只是出來擾亂我們

的錯覺，真正需要正視的，是兩個人的關係出現了問題，「感覺不對了」只是一種表述方式，如果你們還愛著彼此，不只是口頭上說說，那麼，就依循著這份愛，繼續努力，努力剷除積習，清掉那些覆蓋著愛情使它無法閃亮的塵埃，徹底對彼此誠實開放，讓停滯的關係有進一步的發展，先不要下定論，也不要躲開，去面對它。

我總深信，一個人進入我們的生命，與我們朝夕相處，事事相關，這樣的關係若能順利通過磨合，會帶來比熱戀時更美好的體驗，自己終於可以與世界融合了，自己不再是膽小、怕羞、無所適從的傻瓜，因為愛的艱難使我們學會了接受渺小的自己，也愛重自己，因為與另一人深刻地相處，也使你進入自己生命的深處。

那會是摯交，是伴侶，是你身體的一部分，是使你更完整，卻也更獨立的重要存在。

關於「不安」

你說，年輕時談戀愛，你幾乎不感覺到任何不安，但你是讓人不安的對象。

二十來歲像匹野馬，自己都拴不住自己，好像偌大世界，還等著你探索，彷彿森林裡的樹木，每一棵都想留下自己的名字，橫徵暴斂，恣意妄為。

那時的你，說是談戀愛，不如說，遇到喜歡的人就想愛，不想過去，不問未來，「說愛就愛」、「說不愛就不愛」，愛的時候覺得對方是天使，不愛的時候看對方都是束縛。你跑來跑去，自由任性，有時玩累了想回頭，戀人像是守護神，每一次都包容你，那些時日裡，你為自己的混亂感到痛苦，一痛苦起來，就又整本砍掉重練，以為是給自己自新的機會，說穿了，老把戲，「換一個人重新來過」。一直在戀愛的你，自己到底在追求什麼，幾乎全部不清楚，要到手了才發現不是，人們問你到底想要什麼，你說不出，你能說的僅是，「我不要什麼什麼」。

「我不要原地不動。我不要束縛，我不要被拘束。」

第一次感到不安，是遇到了一個比你還「任性的人」，那時你都快三十了，對方年長，看來可靠，你們都想，「嗯，也是該安定的時候了」，但事與願違，你都不知道自己安定下來這麼可怕啊，依賴，軟弱，全然迷失自己，你活在童話裡，以為人生就此一帆風順，天塌下來，有巨人為你擋著。

你以為你們心有靈犀，恩恩愛愛，後來才知道那都只是在床上。

愛自由的人說一聲，「對不起我還沒準備好」，愛面子的人就崩潰了。

後來的日子又拖了一陣，你日日活在恐懼裡，唯恐對方的準備永遠不會好，更恐怕自己失態，恐怕被貼上「黏人精」的標籤，那段日子你活在不安裡，每天練習的就是「分心」。分心啊，能否有一種藥吃了，就能像對方一樣，想起來的時候才愛，離開的時候就自由。

最後，你以另一個人作為浮木，藉此飄向安全之地。後來的發生，當然是慘慘慘，以浮木為開始的愛情，豈是不安二字可以形容。

離開這個人，從那個人開始，你又開始了讓人不安的過程。

不安到底是什麼？假想敵？前女友？新歡舊愛陌生人？是因其紀錄不良？還是自己過去太多？是對人格的懷疑？還是對愛情本質上的困惑？不安，是懷疑對方會偷吃？還是疑心他正在說謊，是擔心自己終將移情別戀？或者擔心愛情總會走上衰敗？愛情路上晴天霹靂何其多。

或者，那惶惶的不安來自無名之處。比如，你為什麼愛我？你這麼愛我，難道不會突然愛上別人？你現在愛我，那我老了病了你還會愛我嗎？你老了病了我還會愛你嗎？

不安，是懷疑對方與我不同心？不同步？是因為曾經被劈腿所以懷疑？還是自己曾經劈腿所以懷疑所有人？

不安，是對命運感到不安，對未來感到不安，或者，就是對自己的存在，自己這個人，自己的過往種種，感受到，「我不可能幸福了」。

不安這種感受，你一直以為「先下手為強」，「後下手遭殃」，此後，不安的戲碼終於從可以選擇變成無法選擇，它殺人無形的毒藥深植受過傷的人心隱密之處，藏得如此之深，以至於自己都沒有發覺。

噩夢停止了，你的心還沒痊癒。

不安是最善變的敵人，它甚至會化身成你的朋友，在你脆弱時耳提面命，別忘了過去的悲慘，別快樂於現在的幸福。

不安也是最誠實的鏡子，當你不安時，不需問別人做了什麼，不需回想往事裡哪處傷害了你，你在你的不安中看見自己的狼狽。

像呵口氣想把鏡子擦清楚，卻又不敢靠近看。

我想對你說，活到四十二歲我也沒學會處理不安，我學到的只有，即使如此不安，即使可能受傷，但我絕不要回頭做那個「先下手為強」的人，我絕不讓自己回到「不在乎就不會受傷了啊」的無知狀態，那是懦夫的行為。

我要扛起不安這個包袱，像旅行者扛著他的行李，我還要一日一日學習，偶爾拆開來看看，我想我有時會嘲笑自己的傻，有時會怨怪自己的想像力，有時，身邊的人會氣得想把我罵一頓。

但我誠實面對自己，傷害幾次，需要很長的時間化解，何況傷人傷己，落下的病根更深。

「不安」，就像是傷口的記號，唯有時間與自信可以將之弭平，但我們知道的，當你願意面對你的不安，它也就失去了興風作浪的根源，當你不逃避，不閃躲，不美化掩飾，不刻意渲染，你像面對一個舊友，耐心與「不安」相對，日復一日，你慢慢會從一個不安的女孩，變成不安的中年，然後，非常有機會長成有自信的「人」，那時，不安離開你了，你甚至沒有察覺。

關於「前女友」

你說，年輕時愛得風風火火，想愛就追，付出什麼代價也不管，別人的感受更是顧不上，你曾在夜裡與剛戀愛的對象離家出走，搭著夜間統聯客運直奔他山上小屋，自以為轟轟烈烈的愛，就要在此開花結果，結果進了屋才發現他還與前女友（多久以前？到底分手了沒有？）同居一室，他說：「我們已經改變關係了，現在是家人。」

那是投奔第二天，眼睛都沒睜開啊，他說要與前女友的家人一起出遊，「晚上我就回來」，他親親你的額頭，好強的你沒辦法說出：「你別去，這裡我不熟，留下來陪我！」你閉上眼睛，心想：「你走吧，我也要走了，什麼前女友，根本是藕斷絲連吧！」

當天你就提著行李走了。

後來不出你所料，他與對方關係纏繞，豈是簡單可以解開，相愛幾年，家人都熟，連存款都還沒分清，而且都覺得對方是好「室友」，一起住下去很好，他們之間戀人身分解除，卻來個更難解除的家人情誼，你初來乍到，怎麼都融不進那個已經建立的「家」，分手已是必然。

你知道自己並不無辜，你也當過人家糟糕的前女友，年輕時你是個闖禍精，受害者一長串，可以組織自救會，當時你以為自己是化小愛為大愛，分手的前任情人都還要當朋友，以為那是進步，是開明，你沒想過，這樣的關係會帶給前情人的現任女友多少困擾，人家感到困擾了，你們倆還覺得對方不大方，「我們已經是過去了啊，幹麼吃醋」，你忘了將心比心，忘了你們彼此認識十多年，戀愛多年，這些點滴加總，對於「新女友」即使不是威脅，也足以令人心慌。

我想對你說的還是那句話，「不愛也是一種愛」，無論是前女友，還是新女友，這句話都受用。

作為前女友的，要前嫌盡釋，過去的恩愛也要歸零，才有資格好好跟人家做朋友，講話時要特別小心，別用「我們以前如何如何」來當作發語詞，別想要跟新女友競爭，別說對方壞話，別指指點點，捫心自問，是否真心祝福，聽到新女友吃癟了、挨轟了，是否得意洋洋、自我感覺良好，看見對方與新女友恩愛，是否撩起「這本來是我的」、「哼哼，他以前對我更好」或「呼，以前怎麼不對我這麼好」，這些內心獨白，足以證明自己根本私心作祟，稱不上什麼好朋友，頂多只是還沒學會「完整分手禮儀」的半前任。最糟的狀態就是明明是自己選擇放棄當戀人，卻硬要繼續「享有」戀人的待遇，所謂的好朋友，不過是借屍還魂，「陰魂不散」。

做新女友的，對前女友種種，當然也要多有包容，主要是因為「愛是自由」，對方當然有交友的自由，儘管這所謂的「戀人變家人、朋友」，甚至同住一起，一起工作，實在令人費解，但愛就是如此，再費解，也只能尊重。雖然愛是自由，但你也有表達感受的自由，對於前女友感到納悶、威脅、不爽，甚至就是覺得「有鬼」，也可以「清晰、堅定，但溫和」地表達出來，先別氣極敗壞，先不要疑神疑鬼，先別忙著比較「兩個月怎麼跟十年比」，先放下這些，挑些事實陳述。溫柔但堅定，陳述而不是發怒。

至於身為中間人的，最忌諱的當然就是坐這山望那山，抱著新女友，想著舊女友，什麼都想要，我覺得前任情人當朋友是可能的，但沒那麼快，沒那麼簡單，沒那麼理所當然。

中間人難為，但心猿意馬更是危險，別在與新女友爭吵時（尤其是為了前女友）跑去找前女友訴苦，別在新女友吃醋吵架時下想到前女友的溫柔，更別在與新女友的磨合爭吵時，想到「啊，還是前女友比較了解我」，這些那些，最後導致的可能就是跟新女友分手，跟前女友好友變情人，然後舊問題重演，一團混亂，什麼都沒有。

對待前女友，無論何種方法分手，情誼當然都是存在的，因為還愛著，更要小心翼翼，做朋友是長遠的事，不急於一時，做家人啊，那就更不急了，當我們急著安撫前女友，急著追問過去到底如何如何，急著「為什麼不能跟她當朋友」時，我們往往忽略了，愛情需要呵護，尤其剛種下的愛情，還未經時間考驗，這時候，是該多有些耐性，對待這個新來的愛，這個還不熟悉，身分還不穩固的愛，這個還不像家人的戀人，因為惦記著過往，我們要從中學習，那些愛的教訓，愛的成長，要以對對方最合適的方式去愛，無論對待前任或現任，我們要讓自己心中坦蕩，就得先堅強起來，一顆心無論可以分成多少塊，最要緊的，依然是把現任女友照顧好，把自己的心整理清楚，一個真正可以當朋友的前女友，她會諒解你的難處，她會知道該給你時間，她會知道，改變關係，也就改變了權利義務，你們「只是朋友」，撒嬌、耍賴、疼愛、保護、照顧，對不起，那是屬於情人的，請不要眷戀也別奢求。

若還做不到祝福，請做到不提往事、不嫉妒、不掀舊帳。若統統做不到，滿腦子只有懊悔、嫉妒，那麼，暫時疏遠是必要的，因為朋友是長遠的，若你根本就不把對方當朋友，就別說出「我們還可以當朋友」，不愛也是一種愛，把自己照顧好，別讓對方為難。朋友是長遠的，會有到來的那天。

無論是對前女友、現任女友、未來女友，甚至對自己，我認為都要學習愛之以德，因為無論如何，曾經被愛過，都是美好的事，正因為如此美好，值得我們深思熟慮，如履薄冰，每一步都萬分珍惜，每一個決定，都不是為了自私，為了貪戀，而真正是為了那曾經或正在發生的愛，所以如此鄭重以待。

我見過一些真正從情人變朋友的例子，時光彷彿一瞬在他們身上停留，有一種雋永的美善，那其中沒有占有、私心，甚至沒有親密，那彷彿流水，像是月光，不遠不近，但見面時總有一種情誼。他們與對方的情人交好，真心為對方著想，思及往事偶爾相識一笑，那些過往已被時光篩過，留下的都是真金。他們彷彿都明白，往事已成過去，而未來，無論遠近，他們都願意是對方最堅強的朋友。

關於「猜疑」

連著幾個月的忙碌，相處時間日少，在我心裡鑿出了一個奇怪的洞，因為沒時間修補，那個洞越來越大，我彷彿陷入了往日某一個痛苦的情緒裡，竟因此對早餐人開始產生了猜疑。

從不安變成猜疑，只是一個轉念之間。

在公園裡獨自散步那天，我一直淚流滿面，我不知道自己怎麼了，或者說，我知道，但那卻是我無法承認，也不敢相信的，我總覺得自己理性而強大，幾年時間下來我總以為我已經修補自己，懂得了愛，卻沒料到心裡深處還有那麼深刻的傷口，只是疲憊了，兩人稍微疏遠了，那怪物就跑出來咬我。

你相信我嗎？

我記得最初，我們剛重逢，那時我為病所苦，幾近瘋狂，她曾這樣問我，我看著她的臉，我毫不猶豫地說：「相信。」

以前的我，對於許多事都有信仰，即使經歷過許多痛苦的遭遇，對人性總深信不疑，我相信人的美善，相信正直待人，我曾見識過人轉為魔，卻依然相信愛的力量大於恨。

上一段戀情之後，我不知道自己傷得那麼重，那甚至無關乎別人了，彷彿是自己心裡某個曾經非常堅強的東西碎裂過，縫補起來卻依然脆弱，我深愛早餐人，也認為她深愛著我，我相信我們無私地對待彼此，互相守護，可以療癒彼此過往的傷痛，然而，就在前一陣子，只是因為她變得忙碌，因為她認識了志同道合的新朋友，不知道是什麼時候開始，我心中有道暗影慢慢覆蓋上來，等我發現時，我的世界已經轉暗了，我已經將她想像成過去那個逐漸遠離我，走向另一個世界我呼喊不回來的人。

有幾天的時間，我像活在一場醒不來的噩夢裡，我看著早餐人，卻無法理解她，她也無法理解我，我才知道自己回到了曾經，跌進了往事裡。

我好怕。

猜疑是地獄，猜疑是不安與創傷造就的怪物，猜疑是內心黑暗的變形，猜疑，是把事情變成你最害怕的樣子最佳的助手。

停止！！！

我大聲對自己喊，過去已經過去了，那些事不會再發生了。

停止！！！

我對自己大聲喊，早餐人不會那樣子。

但沒有用。

我回到了那個三月轉四月的冷天裡，我記得，我知道，我確定有事要發

生了但我就是阻止不了，最後的那天，我彷彿有預感似地，但對於自己預感的事物卻一點頭緒也沒有。然後世界崩潰了。

別那樣對我！我太老了，我承受不起。我在黑夜裡靜靜流淚。往事又把我燙傷了一次。

你相信我嗎？你要相信我。

我們是要走一輩子的。

早餐人說。

後來使我清醒過來的，並非她的誓言，而是我突然意識到，無論如何不能讓猜疑占據了我，唯一的辦法只有與它對抗，猜疑正要透過一次經驗就把我信仰的人生摧毀，但不能讓它得逞。

我知道人生無常，愛是自由，與其讓自己恐懼於將來可能發生的變化，不如正面去迎接，是啊，我深愛早餐人，那份愛不是自私的，我不是因為她承諾愛我到老所以愛她，我不是因為知道她可靠所以與她結婚，是的我相信我們的誓言，無論發生什麼事都不欺瞞對方，然而我想，我願意這樣愛她，即使有一天她不再屬於我，我也不要恐懼，我應該這樣愛她，使她在我身邊可以感到自由，我要學習如此愛她，那便是是我自己也從恐懼裡解脫出來，不要成為占有的奴隸。

這些都非常困難，然而這一次我戰勝了猜疑，因為愛是大於占有的，如果沒有占有為前提，那猜疑就沒有立足之地，曾經被欺騙過又如何呢？難道因此我們就不再相信真理？曾經失去所愛又如何呢？倘若愛是祝福，難到我不能祝福已經離開的，不再屬於我的？

我還不知道愛的真諦，我也還無法掌握自己所有的變化，但我想，我要相信，因為相信的力量大於猜疑，因為過去的傷害不是要教我們恐懼，而是要讓我們學會勇敢。

於是經過這地獄般的幾天經驗，我笑笑自己，罵罵自己，就在這個晴朗的日子裡，走出猜疑。

加油！

關於「陪伴」I

早餐人上課早，我沒法那麼早起床，現在的相處時間改成了晚飯。

前陣子我總覺得自己心裡像破了一個大洞似地，好像有什麼不斷流失，我們也起了幾次爭執，似乎總是圍繞著那些並不真實的事件打轉，精疲力竭的我們，越來越緊繃。

有一日爭執嚴重了，第二天我到老師家去求救，老師聽我說了一個小時（生性好強的我，即使感覺自己腦中已全面混亂，也不知如何開口向朋友求救），過去時光裡累積的那些錯誤，自己的心慌、不安、愧疚、自責，那些夜晚的爭論，因為情緒而脫口說出的指責，甚至更久遠以前，在我們各自心裡還殘餘一點點疤痕的往事，以及那些對於愛情與關係最根本的疑惑，我將它們編織成一個精美而巨大的網，相不相干，都織進來。

過去一年，甚至兩年，我真的可以感覺到自己的進步，感覺自己更獨立，更堅定，終於懂得了如何與人親密相處，也得到生命裡少有的靜美時光，奇怪的是，當衝突與誤解發生時，你想到的卻不是那些好時光，或者說，你因為想到那些好時光，反而更加感覺自己此時的孤單。對啊，心裡有難言的孤單，但是無人可說。

老師總是會跳出我的描述而直接針對問題，他指出，要先肯定「愛」是沒有問題的，發生問題的是「能力」，即使有愛的心意，但愛的能力有其限制，不要因此就質疑了愛。

老師說，「情人不是理所當然要陪伴你」，「自己內心孤單的問題要靠自己來解決，即使一時間無法處理，至少知道，那本就是自己應該面對的問題。」

我問老師什麼是愛，他卻說：「什麼不是愛，抱怨不是愛，指責不是愛，要求不是愛，當你這麼做的時候，就不是在愛，而是自私。」

靜靜的午後，電視機裡正播放著高爾夫球比賽畫面，老師沒有問我那些「猜疑」的問題，那些「吃味」的事，他只是告訴我，一有情緒，就要停止討論，對彼此的付出也要衡量自己的能力，不透支，不一廂情願，就不會要求對方回饋，他說，讓自己成為獨立自由的個體，這本就是人恆久的學習，情人或伴侶不能幫你做到這些，也沒有義務做到，你可以邀請她來與你一起共同學習，但那也只是邀請，當對方無法同行，不能陪伴，不該發怒，不能指責，要知道，那本就是自己的問題。

這一段時間緊纏住我的諸多情緒，那些無法解開的難題，當我知道我可以將他們全收攏到我自己「人生代辦事項」那個範圍，突然它們都不再可怕了。

是啊，我因為自己的孤單而衍生的猜想，其實是不想面對自己終究還是

沒有足夠的自信，還無能處理不安的問題，還無法，真正安然地面對自己選擇造就的生活方式，我或許已經被過去甜蜜的兩人生活寵壞，以至於遺忘了，假期不是永遠，伴侶不是來陪你的。

意識到伴侶並非有義務要陪你，你不會再說出那些，「是不是不愛我了」、「為什麼對我冷淡」、「為什麼對誰更好而對我不夠好」，因為愛裡也沒有比較，你本就不是因為「她對你最好」所以愛她，不是因為「無論什麼事她都會陪伴你」而愛她，你們相愛、承諾，不是因為「這樣她就屬於你」，這一切諾言都是對自己而發，相較於「永遠屬於」，諾言裡更重要的是，承諾給對方自由。

我以為一份美好的愛會使人成長，但我現在知道，沒有真正成熟獨立的人格，擁有了那份愛也無法維持，我知道我們相遇不是為了童話般的美好想像，而是要一起邁向更成熟開闊的人生，我要更堅定地，不退縮，要成為更好的自己。

傍晚時候，我終於不再焦躁於我們可不可以一起吃晚飯，最近相處時間是不是變少了，我好難得終於放鬆，身體很疲憊，先到樓下吃了晚餐，慢慢地沿著大安森林公園外圍走路，走到師大路，買了圍巾，然後搭捷運去參加晚上的演講。

心裡累累的，但覺得放鬆了，我要跟她道歉，是真心誠意地，不為討好，不為求和，而是為了這麼長時間以來不自覺的變得依賴，為了爭吵時我沒有好好理解她的話語，為了我因為防衛而說出的那麼多令人難過的話。我要好好地道歉。

不只是道歉，往後，我要提醒自己，不要指責，不要埋怨，不要要求。我要提醒自己，要好好照顧自己的心，不要使它荒疏、疲憊、生疑，我要待自己好，要對自己誠實，要對自己仁慈。

心裡仍有過去累積的傷害未痊癒，但我也非徹底的孤獨，又或者說，即使孤獨也不是壞事，她讓我沒有跌入孩子氣的「王子公主幸福過一生」的幻想，愛與關係的學習本就是艱難的，跌一跤，才會生惕勵。

因為這是漫長的路，其實她早就對我說過了，不要著眼於一時一刻，眼下的問題，要耐心，要等待。

要相信。無論是相信她，或相信自己。

關於「陪伴」II

忽地就下起雨來。

兩貓各自占據小沙發與單人座，早餐人趴在大沙發，窗外雨聲簌簌，他們都睡著了。

我想我一個人也可以過得很好，正如他們也總是悠然自得，然而，我總會想起某些時刻，比如我把貓抱在膝頭，撫摸牠，給牠順毛，聽牠呼嚕嚕發出滿足聲音，我不知道是我在陪伴貓，或者是貓在陪伴我。

雨滴滴答答，我看了會書，喝了點茶，忽地想起四年前某個五月的午後，天氣開始變熱，我還穿著長袖長褲，那日我與早餐人相約見面，我正在等她，時間分秒過去，我驚慌而緊張，六年不見，我還不確知自己或她已轉變成什麼模樣，我們再見面時，會是什麼情景，我不知道所謂的「愛情」，是否已隨時間飄逝，是否已經轉變成某一種更好或更平淡或某種難以言喻的事物、感覺，或什麼……

我在小小屋子裡來回疾走，越走越慌亂，後來我就在習慣練瑜伽的墊子上靜坐下來，試著讓自己平靜。

那時她應該正在搭捷運，轉公車，步行，一點一點接近我住的地方……那時窗外遠遠可以望見山上的烘爐地，我總是對著遠山上的福德正神拜拜，祂就像是一個溫暖的長者，聆聽著我各種合理的、不合理的祈求。我突然大聲對著土地公公說，多年過去，無論我們變得如何，我希望我們依然相愛，請讓我們在一起。倘若不能在一起，我也願盡自己的力量，給她各種幫助。

那天的後來，一直到深夜，我們確認了彼此相愛且希望繼續這件事。

後來的許多困難時刻裡，我總是記得當時我的心願，我知道我一個人也可以過得很好，我期望自己能把自己照顧好，使得愛我的人不致受累，然而，你總是會知道，無論在靜夜裡，在下雨的傍晚，在微寒的清晨，在多風的黃昏，有時你只是看見她，你也可以感受到生命充實的喜悅，那化約成最簡單的想法，你期望自己可以更理解，更接近，那個叫做「愛」的字。

愛不是因為需要，不是因為寂寞，不是期待著寵愛，不是等待救贖，那只是一個最簡單的心願，你希望天上神佛也來相助，你盼望你的生命裡有她的存在，過去曾經，那只是個遙遠的想像，即使不見面你也能愛，而後來，你期盼著，若是她就像此刻那樣，真實，具體，溫暖，參與著你人生的點滴，該說是誰陪伴誰呢？誰照顧誰呢？

已經說不清楚了，可是你記得，「我希望我們在一起。」

我希望我們在一起。

你期望的就是「在一起」啊！

關於「伴侶」

結婚四年多，這一年因為家裡的老貓三花腎衰竭，從病危的搶救，到漫長的復原照顧，我們之間產生了比剛結婚時更具體的「伴侶」感受。

我們這個「家」，由兩人兩貓組成，早餐人是我的伴侶，而到了生死關鍵時刻，我們四個休戚與共，我與早餐人也成為無論發生什麼事都必須一起商量，一起討論，共同承擔的「結盟」。

最早時刻，我們是因為愛情而結合，我們都相信我們可以在「婚姻」這個是人們覺得已經俗爛的框架底下，一起創造些什麼，是屬於我們自己的，適合我們的相處模式，儘管，我們的婚姻也還不合法，經過四年，也還在自由心證，自行約束，自行創造的狀態。

進入同居狀態之後，許多事慢慢累積，原來只是抽象的「愛」，要具體落實在生活、在相處、在不相處，等等，每一個時刻共度的細節。許多時刻是在考驗著「愛是什麼」，「愛還可以是什麼」。

除了愛情，我另有一個深刻的想法是「伴侶」的定義。我們選擇了「成為伴侶」的愛情方式，這個伴侶就不僅僅是吃飯約會，一起玩樂，甜蜜快樂，更多時刻意味著，我們將要共同分擔無論是家計、家務，甚至是對方的將來健康的照顧，無論是經濟上，或實際時間的付出。

我時常想到對於我們的另一種家人，貓或狗的情感。

進入伴侶狀態，意味著我們追求且即將承擔的，不再是憑著高興、不高興、喜歡、不喜歡而做的選擇，其中包含了託付、信任、承擔，就像人們從流浪動物之家或路邊，收養一隻貓一隻狗，除了一時間的對眼、善心、喜愛，當你馴服了牠，牠已經成為你生命裡的伴侶。另一種形式的，你必須不離不棄，陪牠終老。

人類的愛情伴侶有著貓狗無法傳達的語言能力，有自主的行動能力，能夠溝通、協調，表達意願，也有選擇權，在這些能力都還有的時候，伴侶的關係，必須是民主的，其核心是尊重。這是我最新學到的概念。有讀者問我，感情中的負面情緒該怎麼消除？過去我也寫了很多，但我想著，對啊，是民主。

即使在如此親密關係裡，依然牢記著這是民主的關係，兩個人可以經由表達意見，陳述立場，進行溝通，甚至在沒有溝通協商的情況，我們也該知道，人是獨立的個體，即使因為愛情而相互繫絆，互相連結，愛情特有的「使人瘋狂」、「盲目」、「暈眩」、「暴露自我」、「橫徵暴斂」、「令人無法思索」，使我們像一個瘋狂癡傻的戀人，但因為人有理性，即使在強烈的愛戀裡，我們依然要牢記，這是一個可以無限親密，但絕不忘記強調自主與民主的關係，於是當有任何失望、受挫、游移，甚或者想要「改變對方」、「你為何不怎樣怎樣」的時刻，除了溝通，我們也要記得，關係是一種民主的過程，無論是哪一方，都必須尊重另一方的決定，無論繼續相處，尋找更合適的相處模式，或是爭吵中的論辯，甚或決定分開。

去年冬天在醫院裡，因為無法正確理解三花自己的意願，我們反反覆覆地討論，收集資料，與有經驗的養貓前輩溝通，做這許多嘗試，每一個決定，都非常艱難，然而，我們愛牠，尊重牠生存的意願，在我們能力範圍裡且設法盡可能不造成牠更多痛苦，願意盡力的救治牠。

當我們這樣那樣溝通時，我總是會想起我們的老後，或病後，我們是伴侶了，這個概念無比清楚地呈現，我想起婚姻誓言裡那許多許多，依然想到的不是要求對方，也不是感覺得到保障，而是一份深深的託付。

我在想，戀人們，即使尚未進入婚姻，沒有締結成伴侶，最初的心願，也是一份期望為伴的心意，那是一種難以言喻的感覺，你想見到他，觸摸他，陪伴他，想與他說話，想看見他起床的模樣，想與他一起吃早餐。

無論時間長短，那也是伴侶了。

我們如今這麼齊心地照顧貓，將來，或許我們得單獨照顧對方，幸運的話，我們還可以拖著老邁的步伐一起生活，還有能力照顧自己，照顧對方，不幸的時刻，也願我們能做彼此最強的支柱。在我們有能力時，要記得的是民主，是尊重，當一方沒有能力做此判斷時，我但願我始終記得，要像如今體會三花那樣，因為那份託付，而有所承擔，是尊重，願意竭盡所能地，陪伴。

經過時間淘洗，那份曾經炙熱濃烈的愛，但願能化為一條源源不絕的大河，隨季節時空流轉……伴隨我們走向生命，生命之中，生命盡頭。

如果不能同行，也但願如早餐人所寫，「就算我的存在只是為了讓你經過，但願你經過我之後到達了一個更好的地方。」

關於「照顧」

我是生活白癡，生活裡就出一張嘴，一個人生活慌慌亂亂，久了也有自己的步驟，但有人在身旁時，我總是被照顧的對象。

第一次跟早餐人相戀，遇上她我總會露出夢幻少女的神情，不自覺流露小女人姿態，這也是自己始料未及，當時，我還去買了大同電鍋，試著燉了雞湯給她喝，口味想來不怎樣，但那天兩人都很快樂。

後來我沒能過著我想像中的兩人甜蜜生活，分離後，我終於開始學習照顧自己，簡樸困窘的寫作生活裡，我試著上市場買菜，為自己做早餐，煮麵，試著用奇怪方式理家，十來坪的房子也沒什麼好打理，抹抹地板，擦擦灰塵，我的生活技能沒有增加多少，廚藝也仍是不佳，但一個人的生活過得也算自在。

後來戀愛了，逐漸地，又陷入被照顧的狀態，慢慢地，能力又退化了。

下定決心與前任情人分手那天，我把對方的東西全都撤下，火速地清理了房子，傍晚就去市場買菜，我開始想著荒疏的朋友，荒疏的生活能力，該如何整頓起來。

那時，我非常脆弱，身體心理都是，身體最不好的時候，她說要來照顧我，我沒有答應，其實心裡想著的還是依靠，然而，愛不是依靠，不能貪圖照顧，一時軟弱，後患無窮，我提振起軟弱的身體與心理，自己上街，自己煮食，像戒斷一種毒癮，戒除對情人的依賴。

與早餐人重逢，熱戀時的甜蜜，我一下子又落入小女人的內心戲，然而這次搬演的是人妻，我對婚姻半點不懂，當時我到合江街去看她，洗衣，晾衣，在餐桌上把衣服疊好，餵貓，陪貓玩，等垃圾車，她不在家的時候，我學著做家事，學著，如何照顧別人。

依然地，我還是那個慌慌亂亂的生活白癡，早晨看她手腳俐落地變出美味早餐，只有讚嘆狂吃，沒有其他。

搬到中和來，進入另一種更緊密的生活，最初她工作忙碌，我像小蜜蜂一樣快活地打理家裡，生活是無窮的技能學習，偶爾，我確實感到失落，我也懷疑自己是不是變成家庭主婦了。

兩人誓約，甘苦與共，有時你忙，有時我忙，有時兩人都忙，我逐漸理解愛裡的相互承擔，不是少女心等著被誰呵護，被誰照顧，不是有人把你捧在手心，什麼都為你操心，不是等待著某人溫柔體貼，為你出生入死，不是有人能文能武，又開車接送，又在家做飯，醒醒吧，自私的老女孩，那不是愛，那叫做公主病。

有人以照顧人為樂，為生存重大目標，你只是欣然接受何樂不為？不，你若真愛她，別助長她這樣的心理，要提醒自己，只有一方的付出會造成自己的軟弱，要提醒她，關係是對等的，平等的關係兩人才會成長，才有

將來可言。

有人問我，若學會一個人生活，若一個人活得也很好，為什麼還要談戀愛，我想說，因為世上有一種行為，叫做付出。因為愛不是需要。

但一切都是功課了，拚命想照顧對方的人，該學習照顧自己，一直貪圖被照顧的人，該想著多照顧對方，如何在付出之餘，思量著不陷入縱容，不變成控制，不計較回報，不失去自我，如何在領受照顧的時候，也讓自己學會無私，變得堅強。

這兩年來，我總是一邊想著這些事，一邊繼續操持家務，或者吃著早餐人做的飯菜，我並不心虛，也沒有大家想像中「好幸福啊」的驕傲，我知道她的付出，我也看見自己的成長，在我們家，術業有專攻，有錢出錢，有力出力，難免有配合不上的時候，也有精疲力竭的時刻，都得靠著時間與耐心來等待度過。

結婚時，頭戴花冠，手捧花束，我甜甜微笑，以為即將過著幸福的生活，後來我才體會到，生活的幸福不在我想像的藍圖裡，幸福不是樣板戲，生活是一日一日艱難的練習，我很慶幸自己從被照顧，照顧自己，走到了學習照顧他人的階段，世界上有一種行為叫做付出，這會使你變得堅強，但不是盲目地，像要填補自己的空虛那樣傾倒自己的愛。

日復一日地，那變得不像照顧了，那就像是生活裡尋常自然的互動，到了夜晚，會隨著夜風散去，沒有計較，不用累積點數。

但每當第二日你醒來，那些從你身上付出去的，又回到了你身體裡，那會使你變得自信。

輯二

這真是件奇怪的事，你明明就知道自己身上沒有一件事是除了父母或上帝以外值得人去愛的，但你卻發現自己被人愛著，而且也相信了自己被人愛著。

Graham Greene《愛情的盡頭》

即便是後來，在這晚之後的那十三個夜晚，他們仍直覺地抓住渺小的事物，龐大的事物永遠潛伏在他們裡面。他們知道他們沒有地方可以去，他們什麼也沒有，沒有未來。因此，他們緊緊抓住渺小的事物。

Arundhati Roy《微物之神》

關於「理解」

熱戀的時候，心心相印，即使對方講的是外國語言，你似乎也能聽得懂，即使你們比手畫腳，甚至以圖畫溝通，好像文字語言也都不是障礙。

但那樣的時間只要一進入相處，就露出原形。

愛是需要溝通的。

以前，覺得自己不理解別人，別人也無法理解我，除卻熱戀的一瞬間，之外全是孤島，於是特別喜愛熱戀，不斷追求開始，彷彿那短暫而魔術的瞬間，你真正與另一個人相互碰觸過對方生命的核心。

那是真的，也是幻覺。

戀愛最初，都在講故事，像猛烈燃燒的蠟燭，用彼此過去的快樂痛苦獎賞傷痕做成燃料，一整夜一整夜地放亮，那時還稱不上溝通，也不算是理解，可以說，是在建立資料庫。但那時真美，那時柴米油鹽，甚至交通距離等都不是問題，那時，戀人們只求時間永不停止，你們說整夜的話，寫整夜的信，那時還沒有哀鳳，不怕手指抽筋地一封一封發著簡訊，那時，每次見面都像是最後一次，生命裡有那麼多想讓對方知道的，想知道對方的，綿綿話語，春蠶吐絲，無盡無期，那時嘴巴多忙碌，一會接吻，一會講話，有時接吻與講話也會碰在一起。

有時是深夜，輾轉夢裡，醒來，兩人像想起什麼似地，又纏著對方傾訴了一番。有時是清晨，因為睡眠將兩人分開，便要快快補足距離那樣，把夢境說出來，一夜不見，如隔三秋。

因為是那麼想要理解對方啊，於是，一日一日增加見面次數，於是，漸漸漸漸，住到了一起。

隨著相處時日的增加，你赫然發現自己並不那麼理解對方，「理解」變成一個奇怪的字眼，特別容易在爭吵時出現，過往的心電感應，心心相映，很容易變成「各說各話」、「雞同鴨講」，過往來不及似的互相體諒，體諒到把人生都重疊起來也不夠的地步，如今，多餘的體諒變成「內心戲」，多上演五分鐘就會導致爭執。

不是相處摧毀了愛情，是愛情才要從相處開始。

熱戀期的電光石火，那些無言自明，不言可喻，甚至不可理喻的，兩人像前世戀人，像失散的雙胞胎，像遺失的一角遇到你才會完整，這些比喻都不誇張，都是真的，但那只是開始，有的考驗久一點才會到達，有的，還沒經過考驗，下台燈光就亮起來了。

「如何耐心耐性不緊張不過度想像地聽懂對方的話語」、「如何不卑不亢不怕對方生氣不怕自己難堪地讓對方理解自己的話」、「如何說出應該說出的句子」、「什麼是該說的」、「要如何說」、「如何聽」……

有時內心如雷敲打，咚咚咚咚，那些這些以為她都聽得見，當然沒辦法，不好好說出來誰也不能理解。

「理解」的敵人是想像，尤其是受傷的想像，「誤解」的幫凶是上錯檔的內心戲，是自以為是的體諒，是不夠完整的推理。「理解」，除了放下成見，放下自尊、自私、恐懼、面子，甚至是放下對她既有的理解，是帶著「同理心」，但又不要帶著「先同理她然後又突然同理起自己，接著又抱怨為什麼她不能這樣同理我」的複雜心情，要他人理解自己，手續也差不多，最忌諱的是心裡想著：「其實我知道你不可能理解我」、「果然你又誤解我了吧！」

「理解」，是關係裡一條長河，要時時疏通，隨意飄下幾片落葉碎石就會淤塞，「理解」可以隨著時間累積，但只要一把怒火（或妒火）就足以瓦解。「理解」，在學習理解他人的同時，你驚訝發現最難理解的是自己，你目瞪口呆對於新發現的這個自我，這個張口結舌企圖理解，企圖說明，企圖於關係裡尋找溝通的人，這個自己，如此陌生。

不要害怕，那就是理解的第一步了。

「理解」總是伴隨著恐懼，伴隨著失落，伴隨著可能的失去，伴隨著爭執，伴隨著誤解，伴隨著孤寂，伴隨著無能為力。

「企圖使人理解」則可能伴隨著「羞愧」、「不安」、「內疚」、「丟臉」、「憤怒」、「無能為力」。

都一樣，理解的過程本就不是為了舒適而設計，「自我」經常都是布滿傷痕，一觸即發的彈藥庫。

然而，即使如此，那樣努力地想要理解戀人，也使對方理解自己的，那份惶惶的心意，其實比熱戀時的心意相通，電光石火，更接近愛，因為那需要更多的耐心、等待、付出、自信，那簡直需要透過檢視自己的一生、過往遭遇、身上傷痕，才有可能真實到達，當我們準備開始理解，當我們正在遭逢理解的問題，或許那所謂的「魔幻熱戀期」已經結束了，但曾經有的他心通，那些純粹又難以形容的靈魂的碰觸，依然存在著。

要讓這些變成通向「理解」的基石，而不是造成「幻滅」的原因。

愛總是不可理喻，毫無道理地來了，而我們能做的，也只是讓它「可以理喻」，「可以講理」，有一條「可以繼續」的道路。

繼續前進吧，戀人們！

關於「體諒」

體諒與理解不同，體諒是「同理心」與想像力的催生物，體諒是從小要當個好孩子，是好人教育下的產品，即使自我中心如我這樣的怪物，心中一被種下「愛是體諒」這種名言，也很難不中毒。

每次戀愛到一個程度，無論一起生活，或交往親密，我就會開始迷失自己，心中的體諒長得越來越大，以至於我可能連一起吃飯時要吃什麼都搞不清楚，因為熟悉，心裡已經列出對方愛吃想吃可能要吃的名單，逐漸把自己喜愛的排到最後，為了方便，為了省錢，或種種原因，每次選擇餐廳或光是點個食物，我會刻意選擇對方想吃的，「反正我吃什麼都可以」。

買東西先想到對方的需要，逛街時，總想著她缺什麼，該給她買什麼，大大小小的事，腦中都是她，自願也好自動也罷，我已經陷入「體諒模式」，將自己逐漸排擠，越來越退縮。

多年前曾有一次身心俱疲，也是在冬天，與當時女友走出大樓要吃午飯，她問我：「想吃什麼？」我突然在街上崩潰大哭，然後說出：「你問我想吃什麼最後我說出來的也不會是我想吃的，我一定又會選你想吃的，我腦中已經錯亂記不得自己想要什麼……」她吶吶望著我，眼神裡充滿驚惶。

那樣的體諒不是愛，是愛的殺手，當你無盡地體諒，你會逐漸地迷失，然後開始抱怨對方不體諒你，你會因為過度地付出，甚至錯誤地付出而使得彼此都陷入迷霧中，你付出了你以為她想要的，你犧牲自己變成一種自己也弄不懂的「慣性」，你本以為為了愛人著想怎麼可能會錯，但你錯估自己的能力，錯估對方的需要，把一場戀愛變成內心戲，你慢慢發現「毫無節制的體諒」終於到了臨界點，你卻已站在自己造就的懸崖邊，她在很遠的地方，你們之間竟然因為「體諒」造成了無法跨越的鴻溝。然後就是「大崩潰」。你逐漸開始怪她，然後慢慢遠離她。

體諒，不如真正理解，與其一廂情願地體諒，不如真正明辨自己要什麼，能付出什麼，對方需要什麼，而那其中有什麼真的是你可以做到，應該去做的。

愛之以德，說的不僅是如何去愛，更多時候是如何理解「怎麼做才是愛」，甚至包括，不做什麼。

喪失自我的付出不是愛，是陷人於不義，讓體諒凌駕於成熟理性的互動，把體諒變成尚方寶劍，甚至反過來變成「我這麼體諒你，你怎麼不體諒我」的感情天平，是將來愛情崩壞的第一徵兆。

體諒，有時根本就是自我中心的「好人修正版」。

愛情是最艱難的學習，那過程裡包含著最嚴酷的「自我認識」，「體諒」有時是用來包裝自己的「沒有勇氣承擔結果」，用以包裝自己「沒有能力拒絕」、「害怕失去」、「怕對方不喜愛本來的我」，體諒不是壞事，但體諒也非護身符，那該是更自然從容可以讓對方感受到暖意，自己也不覺得勉強辛苦，是兩個對等的、人格獨立的成熟戀人之間善意美好的互動，然而，在還沒能力表達自己所需，還沒有能力判斷關係裡真正需要的，還無法拒絕，無法承擔對方的失望，還無能處理自己與他人之間微妙的距離，人我的界線，還不夠成熟獨立之前，「體諒」就會成為最好的藉口。最好的藥方，「凡事以體諒為前提」應該不會錯，我們不知道，體諒，這個美好的詞，要到我們很成熟之後，才不會是傷害。

深夜裡，我靜靜地想著，以我現在的狀態，應該讓自己重新釐清，先讓自己壯大起來，無聲的體諒，在現階段，要用有聲的溝通來取代，我要如何在自己能力範圍裡去愛，去付出，真正做到對愛人有益也不使自己受累迷惘的事，我要學習承擔「選擇」的壓力，然後毫無怨悔。理解自己是有限的，愛的心意與愛的能力本來就沒有必然關係，重要的是，不迷失自己，不陷入歧途。不做傷害愛情的事，即便，那看起來像是「好事」。

是啊，如何能夠毫無怨悔地付出才是真正要學習的，我提醒自己，是毫無怨悔，而不是毫無節制。

現在知道，還不算太晚。

關於「計較」

有時關係裡會出現奇怪的計較，當計較出現時，「為什麼總是我為你做得多」慢慢會演變成一樁一件的衡量，「為什麼你不……」「上次我說要……你卻不……」，口頭上的爭執還有機會辯駁，怕的是變成心裡一本帳慢慢翻算，越來越心寒。

「他是不是不愛我了？」「以前很愛，後來漸漸不愛了」「說不定是愛上別人了」「可能沒有愛上別人，但肯定對我是越來越少愛了」，計較相處時間的多寡，勞動力的付出，感嘆以前買花買巧克力，現在買買鹹酥雞就不錯了。感覺備受委屈的戀人忽慢忽快地翻著舊帳，全都是比較，好像什麼也沒發生，卻已經感到傷害。

因為人們追求的，更多時刻不是學習去愛，而是想要被愛，好像與人戀愛，其實是找一個自己覺得很美很強很迷人很……的人，先是去愛他，然後就等著他來愛你。交往後都是驗收了，他夠不夠愛我？是不是只愛我？他為何不幫我做這做那？為何不順著我的心意？為何我看他這也不順眼那也不順眼？他怎麼不為我改改他的脾氣？

有時是連續劇看多了，老怕遇人不淑，沒事先給自己打預防針，天天消毒衛生，都說愛是付出，愛是自由，但是，會不會自己其實當了冤大頭，越是努力付出，對方越是不在乎呢？有很多人教導你如何「變得更可愛」，如何「擄獲她的心」，好像愛不是從自身出發，而是一種籌碼。

戀愛時，總會讓你發現自己不那麼好的地方，比如這些計較，那種不安，那許許多多的失望，有時你會氣惱愛情總是不順心如意啊，「我要的那麼簡單，那麼少」你哀嘆著，卻不知道愛裡無法存在要求，一點點自私的要求都會變成巨大的石頭，阻礙愛的流向。

我們拚命想著如何去愛，但首先要做的是，如何不去阻礙愛的發生。計較、要求、期望、自私，凡是以愛之名其實是想要被寵愛被呵護，證明自己被愛的行為，凡是舉關心之大旗，揮動著控制、改變、期望、需索，都是在扼殺愛。

擔心對方不夠愛你，計較他付出的太少？覺得交往後待遇變差？我覺得與其思考那些，不如追問更根本的問題，「你是否真心愛他？」只問這個，你能否確定自己不是因為寂寞、需要，想依賴，希望被寵愛，渴望安全感，期盼找到依靠，你感覺到自己付出的愛，大多是一廂情願的作為，你覺得對方越來越不夠愛你，而實際上遠離愛的人可能是你。

你夠愛嗎？能以開放的心去愛，給予對方尊重與自由，不將他抓在手中視為己物，能夠不計較他付出多少，仍是以自己理解中對他最好的方式去愛嗎？你能夠為了好好去愛而讓自己成熟，不將愛情視作浮木、救生圈，不讓應該一起成長的愛人變成跑腿、提款卡、垃圾桶，而是珍視她的價值，珍惜寶愛嗎？

當我們苦苦計較著對方是否夠愛，好像對方如果夠愛我們，我們就自動學會了愛，或者，只要對方夠愛，我們做些什麼又有何緊要？有一個人無怨無悔付出，關係好像就會永遠延續。最後發現感情變異，就哀嘆大罵「遇人不淑」。

當你出現質疑時，當你開始計較了，我想說的是，不如反省自己吧，我是否願意努力真正去愛，我是否能夠給予人幸福，我是否在這段經驗裡慢慢學會給予，有能力逐漸面對自己的破損，從而去修補它。我是否從那個只會不斷地戀愛，卻始終一無所獲的人，變成了，即使遭遇挫折，也不放棄勇敢去愛，即使能力有限，也願意持續努力，即使不走在一起，也不讓戀愛變成噩夢，那個，我想像中，真正從相愛相處裡得到生命的力量，終於有能力去愛的人。

關於「期望」

期望，是失望的源頭；期望，種下了埋怨與指責的根苗；期望，是愛情與婚姻的殺手。

期望，能使一個溫柔的解語花變成母老虎、期望，能把一粒米放大成一碗飯。

特別是不願不能不想說出口的期望，你期望心上之人與你心意相通，你期望他比你強大，比你溫柔，比你體貼，比想像中還要寬厚，比期望之中還要包容，你期望他是魔術師，能把你口是心非的句子自動顛倒校正，你期望那些脫口而出的氣話他能翻譯成愛情的字句，你期望他知道何時該停，何時該止，何時該行動，何時該罷休，你期望他能從你的沉默、哭泣、憤怒、冷戰、嘲諷裡，解讀出你最原始的情緒，你甚至期望他受了傷還能懂得不讓傷害他的人難堪自責，你期望他既能解夢，又懂猜心，你甚至不知這份期望是何時種下，哪來的養分長得如此巨大。

期望悄悄地來了，像霧靄籠罩著你的心，將眼前景物變色，使所有一切改觀，期望，你本還以為那是愛情的贈禮，彷彿世間有人為你量身打造，你可以物換星移神不知鬼不覺把心中各種期望，夢幻的現實的浪漫的激狂的，曾實現未實現，合理不合理，像遍生的野花蔓開，愛得越濃開得越盛。

期望，你根本不知道那是期望啊，你以為那叫做心有靈犀，你以為，只要不說出口，就還是美好的期望，不是要求，不是變相的控制，不是包裝之後的勒索。

當你發現自己心有期望，而期望又總是落空，因為愛人不是布偶，愛人有獨立的意志，因為你愛這人就恰如你最初愛他那樣，他知道不該為愛迷失，因為他不要陷你於不義，因為你們的諾言是給對方自由，是即使處在愛之中依然可以自在伸展自己，因為他總是信任你。於是，自己創生的期望，必然如無根之花謝落，然後你怨怪起了他的冷靜。

你深深深深地感到恐懼啊，因為你以為，有一種狀態，倘若他夠懂，夠愛，夠聰慧，夠細心，必然能使你逃過那難堪的失落處境。

「為什麼你不問我？」「為什麼不直說？」「為什麼要猜測我沒有揣想的事？」「為何不問我想些什麼，卻自動幫我編造出一整套劇情？」

如鐘聲的句子撞擊著你的腦子，是啊，為什麼期待，而不直接說出要求？為什麼壓抑期望，使之越演越烈？為什麼試探？為什麼帶著已經寫好的答案發問？為什麼不聽解釋還要對方說明？為什麼無視於眼前的事實，硬要套入過去的發生？為什麼將心比心，以小人之心度君子之腹，以過往的經驗套用現在的對象？為什麼以為你心中的痛苦、難堪、失落、尷尬，是因為對方的行為？為什麼編寫不存在的劇情，而那看起來就像是創傷後的反應？

你是如此恐懼啊，當無助的時光來到，你看見自己柔軟脆弱如嬰孩，而自尊卻將你緊緊纏繞，使你無法說出最基本的需要，你一直沒有好好寶愛自己，以至於覺得他人必然看見你的狼狽，發現你的愚蠢，或者，因為他沒有發現或已經發現的脆弱，你怕了，你以為自己是瘋狂的，你不夠美好，不夠強大，不夠自信，你在那些糾纏來去的念頭面前變成自己都不敢凝視的模樣，你以為閉口不說出「我想要……」就會變成一個成熟的人。

應該是信任，早該是信任了，漫長路途來到此處，你們已經遍經風霜，雖然距離修補自己，療癒自己，以至於可以真正進入成熟地、自由地相愛的境界，還有好遠好遠的路，你顫抖著發現自己其實還停在最開始的地方，你悲傷於一個大浪打來你又回到原形，你骨子裡還存在著那麼深的恐懼，那麼多的困惑，你懷疑這世上除了父母，甚至是父母，誰也不會那麼地，真心地，那樣真正地愛你，愛真正的你。

你想起那雙誠摯的眼神，其實你見過，你一直見過，他一直以真正的行動告訴你，不需要期待，因為你真的擁有，不要急著驗收，因為來日方長，不要苦惱於一時間的不如意，不要恐慌於暫時的疏離，因為，那是一輩子的事。

那些喧鬧的聲音，其實來自你心裡，因為愛也是來自你心裡，你放下期待，放下那些自動生成的評價，鬆開那些自相矛盾彼此攻擊的念頭，你得相信，你所真實感受到以及看到的，忽略那些你想像，你以為，你期望的。

真實地生活，真實地相愛，真實聆聽對方發出的聲音，真實地看見他，看見真實的他，真實面對自己的需要，真實地，從最深處擁抱自己的恐懼。

使人相愛的，使人自由的，是信任，不是期望。

安靜的街道走完，回到家了，別害怕，即使最錯誤、最可笑、最瘋狂、最不合理的念頭，也有改正的機會。

關於「磨合」

無論是婚姻、同居，或只是戀愛，只要進入共同生活，長時間相處就有磨合的問題。

磨合不僅是牙膏怎麼擠、誰洗衣服、誰倒垃圾，這種生活細節，有些磨合進行在心理層面，更為複雜幽微。

比如，對方講話的語氣、神情、小動作，「好像跟往常不同」、「看起來像在生氣」、「好像有些煩躁」，人不可能日日都處在好狀態，隨時都像可以上電視，人會有他的因生理心理等內在外在因素影響而有的情緒，有時講話急了些，語氣強硬了，措辭沒那麼溫柔，某些本來天天都有的，偶爾沒有就當放假，我想，感情穩定成熟到一個程度時，你會知道伴侶之路漫長，需要的是持久的耐心與毅力，每日的微調，甚至季節性的微調，都不算什麼，真正成為伴侶最重要的不是生活上的相合，興趣相投、志同道合，而是互相尊重，以及給予對方自由，這份尊重可能得包含尊重你並不喜歡或者會使你難受的部分（比如前女友，比如某些你覺得有威脅感的朋友，比如某種你並不贊同的嗜好，甚至只是你覺得有傷身體的作息）。

那份自由得立基於「你的放棄掌控」，不過度干涉，不翻看私人物品，不探問對方還不願開口的隱私，或是些無傷大雅的個人外交細節，你得放棄你的「安全感」，倘若你的安全感必須建立在「影響她的自由」之上，你甚至得放棄你對愛情的藍圖，比如你覺得愛人就是要同床共枕，一起上床一起起床，而對方卻不那麼喜歡這樣，那麼基於尊重與自由，你得練習自己先睡，而不將此視為「感情不好」。

有許多事需要學習，但前提得建立在「信任」，但這偏偏是誰也無法給你的。信任不是「相信他一定愛我」、「相信她不會傷害我」、「相信她不可能背叛我」，信任只是信任一種人格特質，比如你們之間對於感情的

默契，可能建立在「會盡力到不能夠為止」、「相約如果有喜歡上別人會坦承告知」，但這些默契，都有被打破的可能，我們能相信的，也是因為長久的相處，知道「一定有不能告訴我的苦衷」而非「為什麼要騙我」。

信任，是知道愛情累積並非一朝一夕，偶爾真該讓對方放個「愛情假」，讓他好好處理自己的壓力情緒或人生規畫，或他只是想什麼也不想地放空，而不將這些當作「愛情退燒」、「感情淡薄」的徵兆，因為我們對戀人有了解，知道讓他休息，是最好的禮物。

不是嗎？在愛情裡，誰都是如履薄冰的，但在關係裡，伴侶可以給予的是休憩，「今天不用特別用心來愛我」，「我知道即使你專注於自己的事，也能豐沛我們的愛」。

這些小小的練習，得先得到雙方的認可，最重要還是平時就得建立對於戀人的理解。

理解所愛之人，其實非常困難，因為愛使得我們充滿「焦慮」，但卻是關係裡最重要的部分，我們都忙著得到對方的愛與理解，忙著規畫未來，卻不知道，學習愛最重要的一步就是走出自我中心，開始理解他人。

或許，關係最重要的時刻，是當我們把「偵察愛情是否有變異」的心力拿來「理解對方心中真正的感受」，這份想要理解的心，不是為了讓他更愛我，不是為了收集資料以防變心，而真正是因為人生裡難得相遇，能夠一起攜手，你遇上了你愛的人，不是為了得到他的愛，而卻是為了這麼難得的一份相逢，有人願意花這麼多心力與你相處，你去理解他，完全不帶自己立場地，全然進入他的生命歷程，無論時間長短，只要你真正理解過一個人，你便擁有了與這個靈魂深刻交逢的體驗，你因為理解了他，不再在乎那些枝微末節的小事，因為你有能力理解他，你便多了一份可愛，你給了他尊重、自由與理解，某些事沒有磨合，你只是接受他本來的樣子，而你也能安心自處。

那麼即便是因為某事冷戰了，你還是可以放下心，信任他，讓他準備好了才開口，半點不急不氣，不用負面思考摧毀關係，雪上加霜，你只是靜靜地等待，你知道這雖不是看起來最美好的一天，卻也會是愛情裡自在的一天。

關於「強者」

有時早餐人會對我說：「太太你不要那麼努力，要注意休息。」我會傻傻地放下手中的書本，像想起什麼似地愕然說：「對喔，好像有點累。」她說：「所以我才會常常希望你好好吃早餐，我的工作就是要提醒你注意生活。」

我常會被這些話語裡的一種寬諒與溫柔所打動，那些話語裡透露的是一種極其深刻的理解。

年輕時，我無法分辨仰慕、欣賞、需要，與愛的差別，我時常被某種我認為的「強者」吸引，他／她們幾乎都擁有我所沒有的某些特質，強壯、擅長運動、有藝術天分、擁有豐富的人生閱歷，或者，他／她們活得精采率性，或痛苦萬分，總之，就是那時的我所渴望的模樣。

曾經我在愛裡失魂，拚命想要抓住那些強者，彷彿只要他／她們愛我，就意味著我也是那樣的人，意味著我一定很好，或者意味著我可透過戀愛這過程把那些不屬於我的，都轉化到我身上。

然而，那些時刻，強者，往往總讓我傷心。

那些我以為會讓我更有自信，確認自己是個很好的人的戀愛過程，往往使我邁向自我厭惡，自暴自棄的狀態，因為他們總是不像我那樣「需要」他們，因為一開始我吸引他們的，到後來彷彿變成了我的缺點，而在那些追逐的過程，即使被愛了我也沒有感到滿足或安全，只因為他們無法用我需要他們的方式來需要我。

我愛的是不需要我這樣的人的強者，於是惡性循環地，我就要不到我想要的那種愛。

簡直像鬼打牆似地，我一次一次飛身撲向那些「不需要別人」的人，以證明自己確實不值得被愛，因為真正需要我的人被我鄙視，「要不到」變成愛的最高標準，愛情成為受苦的試煉場。
很長時間裡我都不知道發生什麼事，那其中怪異的邏輯何在，到最後，我成為沒有被善待的人，他們變成始亂終棄的壞人，兩敗俱傷。
後來我顛倒自己，變成那些拋棄弱者的強者，以證明我也可以「不需要別人」。

等到經過一次又一次生命裡的磨難，經過許多許多自己艱難成長的過程，經過漫長的歲月，我才理解愛不是那些可以計算的東西，真正的強者不是不需要別人，而是懂得如何去愛的人。
等到我自己終於也可以平心靜氣，不把愛當作一種自我價值的證明，無論誰來愛我，那都不是黃袍加身，不是冠冕，也不是加分或減分的標誌，被愛是福氣，不被愛也不是厄運。
我似乎也慢慢可以理解當時自己把人生重擔放在愛人身上時，他們的忐忑與難為，我慢慢理解當時他們無法承受也無能理解「我究竟在遭遇什麼人生的難題」，因為被我視為強者的他們，我似乎也只是一廂情願地去仰賴、依靠、寄託，而沒有能力好好去想，我可以如何去愛。在我眼前的是一個如何的靈魂。

我已經活到一種可以回顧生命的年紀，可以平靜回看當時的發生，理解那些我始終不解的難題，因為愛從來都是要我們面對自己，而不是變一個魔術使我們立刻獲救。

我期許自己也能像早餐人那樣溫柔，可以去愛一個人的脆弱，可以包容對方的自私，可以撫慰一個人在變強過程的磨損，可以去療癒他人的傷，而不只是顧著顯示自己的強大。

我期許自己不要成為無堅不摧的強者，不要訓練自己堅固到不會受傷，我期許自己可以柔軟地感受痛苦，能夠同理他人的痛苦，能夠對自己寬容，對他人慈愛。

我見識到最強大的力量，不是孤獨，不是拒絕，不是輕視，而是知道如何好好去愛，並且真的勇敢去實踐的人。

關於「無常」

有許多小事會困擾著戀人們，比如他愛我有多深？是不是因為我很愛她她才選擇我？

我是不是她真正喜歡的類型？他曾為過去的戀人那麼傷心，一定是還很愛她吧？……以後她會不會愛上跟她更合適的人？

戀愛之初，第三個月左右吧，似乎也確定要正式交往了，心中卻開始浮現一個又一個「疑惑」，大抵是從熱戀的暈眩裡醒來，突然變得非常理性，可惜理性都是用在「偵測」與「疑心」上，這時的戀人剛從有他心通的神祕階段走進「怎麼辨我對他毫無所知」的彼此認識期。

通常要反覆確認「他真的愛我嗎？」「她會給我承諾嗎？」「我們會長

久嗎？」這幾個問題就得花掉半年，而且往後還會反覆出現，甚至還沒處理完這些問題就發現以上皆非，黯然分手。

我不知道如何檢驗他人的真愛，能檢驗的也只有自己，愛情剛萌生的時刻，有某個神祕的時刻，我認為身處其中的兩人必然都感受到了那種純粹的、忘我的契合，那一刻已經是真愛了，再後來都是愛的實現。

愛需要真心，實現愛情需要能力。

戀人們進入關係後遭遇的問題千奇百怪，有些是受到父母反對，自己又還沒能力獨立，有些是受遠距離之苦，有些是還有前妻的陰影，有些很幸運地看似沒有外在問題，但兩個人磨合起來特別痛苦。

無論是父母、距離、前妻，或是彼此的生活習慣，這些都是讓愛從天上落到人間的台階，這些看似痛苦難辨的具體問題，現實而殘酷，每一個應對問題的動作、言語、思想，都反映了自己或對方在未相遇之前所建立與經過的人生，一個人是否有愛人的能力，不僅表現在他個人的作為，甚至也表現在他如何去回應對方的疑惑。

心意無限寬廣，能力卻有其限制。

比如你也知道愛是自由，但她跟某些人相約就是讓你焦慮，你也知道人是獨立的個體，他不按照你希望的步驟行進，你還忍不住是干涉，你明明知道她愛你，卻為這份已經知道的愛「將來的不可知」感到痛苦，你分明期盼自己是個成熟、大度、有智慧的人，如你自己想像中那樣理性，但某些時刻，你表現得就像個情緒化的小孩，你對自己萬分沮喪，於是懷疑自己「不夠好」，他當然「不可能愛我很久」。

許多時刻我們該深思熟慮，另一些時刻，卻應該拋卻疑慮盡情地投入，愛情裡的大哉問到後來會使人落入虛無，「她會愛我多久呢？」「她若愛上其他人了怎麼辦？」「如果他變心？」「外遇？」「如果他已經不愛我了卻只是被承諾綁住？」

我會多想的是，但她此刻多麼愛我啊，我的這些惶惶不安也是因為愛她啊，沒什麼想法是丟臉的，問題只在於你後續會如何做，我們要在愛情裡檢視自己，而非檢視他人，我們透過這些看似傻笨的問題，透視自己內心隱密的惶恐，愛不是保障，但愛多麼美啊，正因為它不能保障什麼，所以我們才時時去呵護，所以失去時我們會悲傷，但也因為愛是會變化的，人也可以從死境裡逃脫、有機會再次體驗到愛。

有些現實問題一想到就讓人氣餒，有些難堪的過去需要兩人一起面對，有些迎面而來的「金錢」、「工作」、「住處」、「親人」等問題，需要漫長時間才能有所改變。

我想，有時候我們對待自己與戀人都太嚴厲了，那一定是因為小心翼翼地愛著，卻又慎重其事地規畫著未來，我們盼望用一份戰戰兢兢的心，迎戰那不可知的將來裡埋伏的「無常」。

我不知道該怎麼說，要知道，此刻就是獎賞啊，你愛的人也愛著你，無論他身在什麼地方，你千真萬確知道這件事，有人，是那樣對你敞開了心，可惜你還讀不出正確訊息，然而，這世間，此時，你們如此親密，去除掉那些永遠得不到滿意答案的疑惑，你們還像是昨日那樣地快樂啊。

關於愛的疑惑，關於人生的問題，都是漫長生命裡必然的學習，然而當你徜徉在愛裡，不要預設立場，不要替對方做無謂的猜想，不要因為恐懼未來就摧毀了現在。

去握他的手，給他泡一杯茶，想著他愛你的時刻那水晶般剔透的眼神，想著你們的相識，告白，想著你們的第一個吻。

未來無常，而他在眼前，真真切切，此刻就是獎賞。

關於「恐懼」

有時，愛情讓你看見的自己是如此恐怖，像是突然被什麼鬼魅附身似地，猜疑、恐懼、嫉妒、傷害、殘忍，彷彿從心裡最深處湧出大量又黑又髒的水，把整顆心都汙染了，你目瞪口呆地看著那一直往黑暗深處迷失的自己，驚訝於自己還有這樣一面，你又羞愧又驚恐地望著那一個一個從「你」這個確實就是你的個體腦中、口中、心中，生長出的言詞與意象，你悲哀而無助地看著這一連串近乎無止盡的幻影，那些所有你於理智時不可能說出做出的話語與動作。

這是愛情嗎？你哀痛地想。

誰也不能說這不是愛情的一部分，儘管那可能一生中僅會出現幾次，或者，只要一戀愛就有這樣的危機，你幾乎在瞬間就被扭曲的時空抓住了，那是什麼呢？那曾經存在，或出現在什麼地方，那是被什麼所籠罩、複製、玷汙，才能製造出的黑暗、殘酷與悲傷，那是足以將白晝轉黑的力量，使你暈頭轉向，渾然不知身在何方。

只消出現幾個破碎的畫面，你就都聯想起來了。

或者，即使已經出現了大量的暗示，你依然無法準確猜想。

你只是疲勞不堪地望著被激烈作用過後的自己，設法想要穩定住自己，但願在暴風雨過後，你還能相信自己身上有所謂良善這樣的質地。

然而別害怕啊朋友，那些猶疑、驚恐、憤怒、悲屈，是你，也不是你，那是可以產生出黑暗的深淵，也同時是可以創造光明日出之谷，那可能起因於自卑、不安、恐懼，而更可能是根源於長久或並不太長久以前的某次或數次傷害，那可能就是你在通往愛的過程中遭遇的最恐怖的試煉（或許還有更危險的）。

但不要因此而以為正是眼前這個人使你瘋狂，只要能離開這個處境，拋離這個對象，只要封閉所謂愛的感受，你就可以不看見醜陋的自己。

親愛的朋友，那些無能為力，那些狂風暴雨，那些靈魂碎裂以前萌生的幻覺，那些像是你又不是你，那些你一直努力避免偏又正巧摔落的陷阱，其實就是你正準備，或已經愛了的證明。

走進暴風雨，然後活著走出來。

別放棄。

你值得且有機會去愛，你可以與他人產生連結。

你依然是美麗的。

那老婦人說：「愛情是世上最神祕而偉大的事。」

關於「爭吵」

有時我自己會忘了我們曾經歷過多少衝突，像我們這樣相愛的戀人，也會有惡言相向的時刻，曾經在爭吵時脫口說出毀滅一切的話語，曾經看見黑暗將彼此吞噬，看見自己最醜陋不堪的模樣，曾經被妄想籠罩，眼前所見盡是幻影，曾經，我以為所有一切都粉碎了，美好的已經破裂，不可能再復原，曾經，我因為自己竟會顯得如此恐怖而恐懼想逃，疑心著「愛」是最可怕的照妖鏡，若不是因為我內在真的恐怖，那麼就是我愛的人令我瘋狂。

是什麼使我們受挫，是什麼令我們發狂？是什麼讓人從愛的幸福墜入痛苦的地獄？

此去是否再無回頭的可能？
許多畫面依然使人戰慄。
見識過那樣的我，你依然可以愛我嗎？
見識過那樣的自己，我依然可以愛你嗎？

最後帶領我們穿越黑暗森林的，還是愛。

是的，鎮定下來，護住心中那一點點尚未熄滅的火，只護住那一點點，那微弱的火猶如真金，是最初最初，是尚未崩壞的自己，是所有傷害未曾發生，是即使傷害已經構成也無法毀滅的，那心中真正相信著「善」的可能，那一直保護著我們穿過多少層噩夢走到此處，那一直支持自己度過人世間最恐怖的悲傷、殘破、瘋狂、絕望，而使我們依然活下來的，那相信「生命」的信念，只要這一點點就夠了，只要還有這個，你便是值得愛，也值得去愛的，你便是曾經愛過，也被愛過的。

鎮定下來。等待那暴風雨過去。

那些脫口而出的，那些被激化而成的，那些看似傷害其實在求救的，那些每個字句背後都有著更深更難以言說的原委，那些看似憤怒其實是悲傷，那些不斷號叫其實是「喊停」的，不斷刺向別人其實都是在砍殺自己的，那些無法放過自己的質疑，那些「我是不可能幸福」的求證。

如果這時候有人抱住你輕撫著你說：「沒事了，沒事了」；如果有人說：「我知道不是那樣的」；如果有一雙巨大的手彷彿能將時間喊停那樣地，「讓一切重來」、「使那些罪惡都消失」；如果……

但是沒有，可是沒關係，鎮定下來，原諒自己，保護自己。

護住心中那一點點微弱的火。告訴自己：「我可以穿過這一切。」

愛是艱難的，生命是殘酷的學習，沒有誰可以保證什麼，幸福與平靜總是不斷地被改寫，「還有什麼是可以相信的？」

有些是真的，有些是假的，有些美麗，有些醜陋，為什麼厄運總是找上你？為什麼幸福那樣不可能？最恐怖的還是看見自己的瘋狂。

那些是愛的變貌，那些是我們在經歷愛時才會珍貴地重逢的，生命最最脆弱的部分，我們把心交給對方不是因為可以有人保護，而是因為如此，我們才能真實地與他人的生命相遇，我們才會在一次又一次「不能保證」、「無法期待」、「不可避免受傷」、「難免失望」的過程裡，逐漸地學習堅強，認識生命的複雜，慢慢地體會愛的不可依靠，以及愛情最珍貴的不是要讓我們擁有對方，而是要讓我們理解自己。

這很困難，這需要時間，這無法避免痛苦。

這是一輩子的事。

但這時候你要做的只是護住心中那一點點火，別去吹熄它。

那些愛是真的，只要存在過一秒鐘都是真的，去碰觸那份真實像從手心裡碎掉的沙，只留下沙沙的觸感，這是真的，而未來不可知，不能預期，無法掌握，沒關係，還是勇敢去生活，去凝視那變形之後，還有能力再美麗起來的自己，那是再多惡言惡語也無法改變的，受傷了，絕望了，已經被烈火灼傷過了的愛，不可能破鏡重圓的愛，不知如何才能幸福的愛，該怎辦？

沒關係，去迎接那份殘破，雙手探向烈火去搶救最後一點點，那曾經是愛，那不會被燒毀，那是存在你心裡珍貴的事物。

無論經歷什麼，無論你變形成什麼，總有人可以指認你，你總也還可以指認出自己，可以對自己說，這個是我，正在為愛受苦，但不會放棄希望。

關於「討好」

父親脾氣暴躁，是面惡心善的類型，但就像典型台灣大男人，平時寡言，開口時就在罵人，開心與不開心都要大聲，只要臉一臭，貓狗都噤聲。母親從不與父親吵架，但也難免有委屈的時刻，有時回家，母親會小小聲說：「他都給我精神虐待。」

我愛父親母親，但自小生長在這樣的環境，養成察言觀色的習癖，母親生就好脾氣，人也豁達，但我卻是神經質，心思細密，懂得戀愛之後，只要是較為長久深刻的關係，我都不免陷入「討好」的狀態，就是不敢表達自己的情緒與需要，總是希望滿足對方，會把對方的情緒看得無比重要，只要對方稍有不快，就會陷入自棄自傷的緊繃狀態。

後來分手不為別的，都是我無法忍受自己的怯懦只好離開。

愛情使你看見自己生命的缺損、恐懼、傷害，情人使你如鏡地看見自己生命裡所有的遭遇，「內心戲」是生命經驗的反撲，「鑽牛角尖」是舊傷未癒的自我防衛機制。

逃走，是自毀毀人的生存之道。

「別企圖討好」，我告訴自己，那無法使你學會愛，反而使你蒙受其害。

「別討好」，這只會讓你感覺自己不配被愛，當對方真的愛你時，你又始終無法確信為真。

「別討好」，而是真心去理解對方，正確地去愛，不是因為恐懼。

恐懼失去，恐懼爭執，恐懼對方失望，恐懼自己失望，恐懼失去自由，恐懼失去自信，而最後，恐懼使你失去自我，也失去愛。

「別討好」，如果你無法分辨什麼是討好，你總是納悶為何對方可以自信自足地說出許多你聽了會難過的話，你努力去愛，卻會在某些夜深人靜的時刻，納悶想著，我到底怎麼了？為何愛讓人精疲力竭？

愛的來到與發生總是輕易的，重蹈覆轍也是容易的，要做一個自信而獨立的人是多麼困難，要自由地去愛人，且讓愛的人自由，怎麼看都像一個不可能的任務。

「別討好」，如果你無法分辨什麼是討好，你甚至沒有說不的能力，你不知何事該說不，何時說好，你不知該迎接什麼，拒絕什麼，你只是隱隱察覺自己在年歲漸長的過程，對愛情感到灰心，彷彿那不會使你快樂，只是讓你焦慮，好像放心去愛，到後來會變成「迷失自我」，一切都讓人困惑。

「別討好」，我總是對自己說，自然地去愛，在能力範圍裡付出，愛的心意是無限的，但愛的力量卻會受到各種現實條件的限制，這沒有錯，我們在學習愛，就包括了學習愛的過程裡會出現的爭執，意見相左，學習接受拒絕，承擔失望，學習如何在外界的反應裡正確地找到該「受到的影響」，我們盡情地去愛，卻不是為了任性重複一次一次必會導向失敗的過程，愛如此貴重，我們要如臨深淵，如履薄冰。

但不是「看人臉色」，這份謹慎、鄭重、在乎、小心，都不是為了討好，恰恰完全相反，是要讓我們時時保持在警醒的狀態，以「自由」與「自信」為前提，在「能力範圍裡」，逐漸地一點一點學會好好地去愛，與被愛。

「別討好」，愛是這世上許多「越是強求越沒有」的事物，不討好的話，該怎麼對他好呢？

放下討好這個包袱，放下看人臉色行事的習性，愛人需要的勇氣不是來自於自棄，也不是盲目地自尊，而只是合裡地，自然地，首先於理解，心中如插下一把寶劍般地鎮定，是啊，我是來學習愛的，我可以慢慢來，對方臉色不好是嗎？他說話的語氣有點差啊，是不是討厭我了？莫非我不夠好？

關掉那個內心戲的聲音吧，愛情如此神祕，但第一原則卻是就事論事。

你靜靜地，望著情人變換的臉色如天邊雲霞，如莫測的氣候，你等待一場大雨停歇，你等待一陣涼風吹過，有時，你等的是一整個凜冬的過去……

別討好，別慌亂，別做任何不想做的，別說出違心的話，就安靜下來，等待時間通過吧。

你可以度過的。

關於「險境」

有些關係再下去就要有危險了，若不是傷了心智，就是傷了身體，嚴重起來互相殘殺也有可能。

年輕時有段戀愛，才剛結束一段身心俱創的關係，遇見了W，當時因寂寞，也貪圖對方年輕可愛，W要追求我，我很快就答應了。

不多久我就發現自己越是深入理解，越無法認同，相處起來非常辛苦，一有爭執總是巨浪滔天，他時而憂鬱，時而狂躁，以至於後來我也得開始看精神科。那段感情前後糾葛了一年半，經過無數次嚴重衝突、威脅（他欲自殘或殘人），我越來越不懂自己為何留下，至今我仍記得那些使我難以逃脫的話術，我知道W需要幫助，但在關係裡我無法幫助，或許我不夠愛吧，倘若是今日的我，我是否有能力用穩定的愛穩住一切？但，那樣的愛，可能只有父母能給，至少在我身上，有嚴重情緒問題的人，只會引發我自己的混亂。我還做不到。

那是我所有關係裡最像噩夢的一段時間，神經總是緊繃的，到哪兒都不放心，在家裡又總是緊張，我似乎也落入了「不那樣就是不愛我」、「我的人生都是被你毀掉的」、「你怎麼可能不愛我」奇怪的催眠術，一面被催眠自己是邪惡的壞人、加害者、弱者，一面又被「早知道我生病了最後卻要拋棄我」、「我就知道我這樣的人沒有人會愛我」等話語激起同情心。只要一同情，事情就會從頭開始，一再循環。

受傷的人最危險，弱者也是危險的，他們甘願以肉身為祭壇，他們溺水只求抓住一根浮木，當有人拿自己的命要你愛他，你伸手去接，就等於認可了要背負起這個責任。他隨時會把你拖下水。

背不起，怎麼辦？

只要人生稍有不順，W便成日哭嚎，只要我沒有盡力去幫助（即便有些工作上與人生裡的事我幫不了），就會引發更強烈的控訴，每次提分手，都會活在「他可能會自殺」的陰影裡，即使我只是出差，無法陪伴，他也能在電話裡大鬧。

全世界都傷害他，而我是替罪羔羊。

當時的我太弱了，所能做的也只是一次一次尋求他人的協助，設法逃脫，又像是落入「外遇」的罪名，他又更激烈，我又更想逃。

不堪回首。

當時，我從也沒想過可以去找誰商量，只是一味地責怪自己錯，怪自己無法「真心接納他」，不能包容，無法承擔，於是一日一日繼續忍耐，我一直有「自己愛無能」的疑慮，對方便將我這心事變成控制我的手段，繼續將我妖魔化，使我沒有理由離開。「你若離開我，就證明你沒有能力愛人。」

許多次，面臨他的自殘，他站在窗台上企圖一躍而下，我感覺自己人生無望了，只能奉陪到底。

最後，當一夜衝突結束好不容易入睡，清晨我被奇怪的聲響弄醒，他帶著詭異的微笑，把枕頭蓋上我的臉，開始搥打，我以為他要悶死我，於是用力掙扎，後來我發現他只是在揍我，隔著枕頭，並不太痛。

我沒受傷，心裡受到的驚嚇不小，他也像是大夢初醒般，放聲大哭。

我竟有種釋懷的感覺，覺得被打了可以解脫了。

我請他家人來把他與他的東西帶走。

就此分手。

如今，寫出這段我仍有不真切的感覺，還是無法寫得更加深入，背後仍會有種發涼的恐懼，無法確實理解自己真正發生過這樣的事，那段經歷使我在很長時間裡，都無法相信自己可以愛人，我難忘他如洗腦般輸入我腦中的不堪字句，那些關於我是個「怎樣糟糕，不負責，無情意」的人，華麗而尖銳的詞藻，在我還不是現在這樣對自己有自信，對人性與愛情有複雜理解的年輕時，我被扭曲了。

後來我知道了，愛人不是拿來治病的，當有人對你提出「過分」的要求，你不該應為無法滿足而自責，不該讓同理心被當成他人「操弄」你的工具，即使一開始愛了，後來發現不愛，想要分手，這是在愛情裡非常自然的生態，甚至無需理由，愛是自由的，不讓你離開，是對方的錯。

後來我知道，當我們愛時，我們不能把對方當作一根浮木，不能將對方當作替代性的母親、父親、完美長輩照顧者的角色，更不可以當作醫生，愛人只是愛人，雙方是平等的生命體，只是在戀愛的階段，彼此承諾，關係也可以解除，把「我愛你」當作「我一輩子不會離開你」、「我會永遠照顧你」，是最明顯的錯誤，即使對方承諾要照顧我們，我們該感謝這份心意（沒有實現也無損他的真誠），自己更當照顧自己，當對方力量不夠，意願不足，想要放棄或離開，我們只能含淚送別。威脅、要挾、責罵、哭喊，都只是把愛推得更遠。

後來我知道了，即使我愛的能力不足，好吧就說是愛無能，我從未將如此暴力加諸別人身上，我至少自覺自己不足，我不該承受那份自責如此長久，我知道，「別讓他人輕易定義你」，即使那個人是你的愛人，要守住自己心中對自己最基本的評價，因為愛是危險的，有許多人，以愛為名，行的是傷害的事實。

我們可以努力去愛，但愛無法拯救他人，愛是照亮自己的。

身處在危險狀況的戀人，需要尋求正確的幫助，家人、親友、醫療、輔導，任何除你們兩人以外的支持，讓悲劇即將發生時，還有可以求助的對象。

身處險境嗎？求助吧！不要責怪他人，也不要責怪自己。

關於「占有」

愛情萌生之初，人們是多麼有信心啊，彷彿所有陰暗都被照見，兩人無須言語就能相互理解，你屬於我，我屬於你，天下沒有任何人事物可以介入，於是我們總希望一直保持在那種剛熱戀的狀態，因為自己身上的問題幾乎都不藥而癒，自我感覺良好，彷彿重生。

有時「陰影」就在感覺最幸福的時候來了，那是「惶惶的威脅」，如果不是來自「前女友」，就是來自「剛闖入生活裡的陌生人」，不是來自於「某個很可愛的人」就是來自於「那個新認識的朋友」。敵人無處不在，敵人在想像裡，敵人從過去經驗而來，一旦從熱戀的高溫裡回過神，想到的就是「即將到來的毀壞」。

那真就像一朵烏雲毫無聲息掠過心頭，「她也可能愛上別人」、「他難道永遠只會愛我」、「如果他愛上別人該怎麼辦？」、「如果，她不告訴我呢？」、「我也知道愛沒有保證，那不如讓我現在就走。」

開始症狀可能是需要再三反覆要求證明「相愛」、「只愛我」、「不會欺騙我」，慢慢地「偵察動作開始」，需要證明「不會有人來破壞」、「即使你對她沒意思，但也不要對她那麼好」，發現自己開始這些不理性的思慮與作為，就想著「天啊我這麼小氣，他要討厭我了」、「為什麼他不給我安全感，讓我不用有這些卑微的舉措」、「為什麼要干涉我那麼多？」通常對方會這麼說，或者換句溫和的話說：「你怎麼這麼沒安全感？」被說中此等心事實在太不堪，為了避免面對自己的問題，只好把問題提升到兩人關係，或對方身上，吃醋、嫉妒、猜疑、吵鬧，或者某種安靜的敗壞從心裡升起了，「畢竟，以前我也經歷過」，「這也可以稱為第六感」。

承認自己的不安全感與「占有欲」是相當難堪的事，即便許多人以為那是「愛的證明」，或許因為不願將之看成自己性格的弱點與自信的欠缺，只好合理化成「那還不是因為我很愛你」。

年輕時我很少被「占有欲」折磨，因我早早發現一個良方，讓自己成為那個使別人沒有安全感的人，可以看見別人因為占有欲而生的痛苦，一則用來感覺自己被愛，一則不讓自己處於「暴露人格缺陷」的處境，對付情人可能變心的方法就是，「讓自己時時處在可以比對方更早變心的條件下」。

真不知道自己哪學來的防衛機制，一運作也十多年過去，於是我一旦放下心防，就是沒完沒了的擔心受怕，而且事實證明我一旦當起好人，下場就是「受騙甚深」；一旦不再背叛，被背叛的人就成了我。

以前我從沒弄懂這前後邏輯，因果關係，從無法真正面對處理，只將它當成護身符，我不占有誰，也不讓人占有我，一旦發現自己快要開始產生占有欲，就來個溜之大吉。

所以不斷戀愛二十年之後，我還是沒學會愛，愛情變成是一種只有開

始堪稱美好，不久之後就變成「防衛機轉」的大戰，彷彿不是為了努力延續愛，只是希望不要受到傷害，因為所想的並不是如何去愛，而是如何不失去愛，或不失去尊嚴，因為所學習的不是如何好好地愛人，而是反覆想證明「有人會好好愛我」，不是努力學習如何使愛常保豐盈，卻是努力控制希望愛情「不會變質」，不是努力理解他人，而是盼望別人來理解自己，不是靠著培養與建立自信來健全愛的能力，卻是靠著「推倒」、「插刀」、「自毀」來驗證「人生果然沒有真愛」，「我注定要孤獨」。

承認自己並不完美，承認自己甚至很糟糕，不是為了自暴自棄，也並非為了可以因此不去更改舊習，面對舊創，掛著「像我這樣的人注定……」的免死金牌，幾十年也無法使你進步一點點。

但是占有欲來得又猛又急，來得那麼天經地義，不安全感簡直是戀人們心中定期上演的戲碼，這兩者相生相伴，互相增長，愛情就在這時「看起來開始不美好了」，恐怖的是，「占有欲與不安感」使我們看起來可能就像個「一直在吵鬧的人」。

該怎麼辦？安全感不是別人可以給的，占有欲又無藥可治，該怎麼辦？本來就覺得自己無法永遠可愛，可活在猜疑裡、變成「控制狂」、「小氣鬼」看來只有更加討厭，「該怎麼辦」，光是相信還不夠，因為不知道要相信什麼，最後為了繼續相愛，只好選擇相信，後來的後來，「相信」終於使你受傷了。

該相信什麼呢？愛情使我們美好，也會使我們顯得醜陋，這就是它最神奇之處，若只看重那份美好就低估了愛的力量，愛情使我們被推上火線，真實面對人生過去累積，甚至是與生俱來的各種問題，使我們能夠通過這些考驗的，並不是因為愛的堅貞、永恆、保護，而更多是來自於愛的脆弱、無常，以及愛的短暫，愛若像是一個放在家裡永遠不會損壞的機器，我們還能時常體驗愛人間那種拋去一切阻礙，只求心意相通，只求善待對方的意念嗎？愛情如果就只是「愛上我你的一切都屬於我」的占有，愛情還會美好得使人突破種族、年齡、性別、宗教的限制，甚至性命不顧嗎？

愛情若只是一道「我們就此天長地久永不分離」的安全契約，我們如何經歷因為愛人帶給我們生命的激盪、開闊，如何讓誰也撬不開的心理機轉，變成從黑暗裡浮現出來的光，帶來生命的釋放。

該相信什麼呢？如果我們相信了愛是祝福，愛是自由，面對心中的恐懼，面對唯恐幸福被瓜分的猶疑，面對「總有一天他會不愛我」的危險，我們還能相信什麼？

我自己是這麼經驗的，當你被自己心中浮現的占有欲驚嚇，當你表現出怎麼可能發生在我身上「但我真的說出那些話了」，當愛人不在身旁，當噩夢時分，真真看見你心中存在那巨大的不安全感時，不要轉頭，不要逃避，不要立刻定義，只是去凝視它。

那是生死立判的愛的考驗，它決定了你是否繼續重蹈覆轍，是否放棄學習愛而選擇自我保護，我說的是凝視而非沉溺，我們只是靜靜凝視自己的狂亂、痛苦、悲傷，像清理一團不可能解開的亂麻，一點一點耐心清理它。

一次解開一點點。

這時，你會清楚看到愛的前提是祝福，知道愛是自由，你明明白白知道，綑綁別人也是綑綁自己，再多的愛也無法讓你產生自信，你感到痛苦難當，因為，學習去愛是那麼漫長而艱辛的路，那意味著你必須成為更誠實、更勇敢、更堅強的人，你必須放棄將愛當成保障的念頭，你必須從頭開始面對自己生命的問題。

占有欲與不安全感是人們面對愛的考驗最殘酷也是最溫柔的課題，其殘酷在於我們幾乎總通不過，其溫柔在於你只要一點點回應，立刻又能感覺到愛的強韌，「無論世事如何改變，無論你將來是否與我一起」，我想要學習去愛，我想要做一個堅強的人，我要讓自信是從我身體裡長出來，即使只有一點也好，我看見了自己的恐懼，但因為正在學習愛，這次我沒有逃開。

輯三

蓋茲比一生的信念就是寄託在這盞綠燈之上。對於他這代表的是未來的極樂仙境——雖然這目標一年一年在我們眼前往後退。我們從前追求時曾經撲空，不過沒關係——明天我們會跑得更快一點，兩手伸得更遠一點……總有一天。

於是我們繼續往前掙扎，像逆流中的扁舟，被浪頭不斷地推向過去。

費茲傑羅《大亨小傳》

「許久以前——」他說：「許久以前，我內心有樣東西，但現在那東西消失了。消失無蹤，不見了。我哭不出來，也無從在意。那東西已一去不復返。」

費茲傑羅《冬之夢》

關於「離開」

有些時候你就是知道「該離開了」，儘管周遭一切與平時並無不同；儘管，最糟的情況尚未發生；儘管，習慣也好，依戀也罷，總還有什麼力量使你沉溺其中，總還有什麼叫你牽掛，讓你不捨，但那個「倒數計時」的時鐘滴答，距離預定好離開的時間越來越近了。甚至，你們的愛早已超過保存期限，發出陣陣腐敗氣息。

聽說有這樣的戀愛，一開始兩人就說好「只在一起三個月」、「只在一起到畢業」、「只在一起到出國前」、「只在一起到她發現為止」，這樣的戀愛大多帶著悲劇性的阻礙，助長了愛情的烈焰。我不知道這種「時間限制」是否有效，但通常是一個人記得，另一個人忘了；一個人認真，另一個人馬虎；一個人納悶，另一個人痛苦。爽快分手的少見，「規定時限」並無法阻止心碎的發生。有些戀愛明知山有虎，偏向虎山去，我不知那是帶著犧牲奉獻的心，抑或者下意識認為自己可以「移山倒海」，相信「總有一天他會改變」。

倘若不計較得失，愛情終究是個過程，無論長短，都是相陪一段，只求盡心，但為何即使有如此的認知，最後依然落得心碎收場？

隨著時日推移，親密感增加，「只在一起三個月」跟「我要永遠跟你在一起」都變成保證無效的口號，「咒語」與「諾言」同樣縹緲，心碎的原因時常都還是因為「謊言」，我見過信誓旦旦相約「絕不認真」的情侶走上紅毯，我見過「砲友起家」的情侶相伴十多年，正如我見過「愛得難分難捨」的夫妻對簿公堂。

最傷心的總是當你發現他真的像你一開始知道的那樣「走上了花心的老路」，當你發現他確實如他說的「沒有離婚的打算」，你發現他就像過去的歷史重演那樣「讓你成了最後一個知道真相的人」，這一切，不都早就預言過了嗎？最傷心的是，當預言成真，並無法因為「早就知道可能」而減低其殺傷力，更有可能因為「終究還是發生了」，那種無力阻止的痛苦反而加強了好幾倍，這麼長時間的「不定期打預防針」還是失效，你黯然地想，「至少我成長了」。

保證既然無效，預防針自然也會失靈，那麼，一段注定沒有將來的愛，該不該開始，何時該結束，如何衡量風險？

愛情的開始並不意味著必然走進「關係」，有些愛情是一次性的，發生在電光石火的片刻，朝生暮死，其價值已經確立，意義也已存在了，繼續下去只有磨損，有些愛熬過一天、一年，卻熬不過停滯不前的瓶頸，有些愛，終於通過了大風大浪，靠岸前一個不穩，還是跌翻了。

重點是如何判斷，如何確認？如何停止？如何離開？

你無數次收拾著行李，想著，這將是最後一夜了，原因到底為何你也不清楚，你不願意改變他，卻又懼怕不肯改變的他有日必然會使你傷心，你害怕，發生在他與過往情人身上的悲劇會在你身上重演；你害怕，如此深愛的，將來要憎恨；你害怕，眼睜睜看著愛情從最高處摔落，自己難免落入地獄。

但是你愛過，你捨不得，你走不開。你還懷抱希望。會不會真有奇蹟出現，浪子回頭，靠岸，安定了，無情的人也長出良心，懂得同理，那最愛漂泊的、最獵奇愛豔，喜新厭舊的，也會發現人生真正所愛，願意不離不棄。四海為家的人，也願意在陸地上找一塊安身之處。

你惶惶想起自己編織的這些，每一種都不合適他，你太愛他了，甚至不願意為了讓自己幸福而改變他，你知道那樣會令你們的愛凋萎。

你說：「這是學習離開的過程」，語氣令人心疼。

但我想，能移山倒海的，不是奇蹟，不是吞忍，也不是等待，而是你那份真正「愛之以德」的心，你寧願自己通過一次一次面對失去的恐懼，也不願自己伸出手將所愛的人綑綁，你深知愛的無常，所以竭盡所能去愛，你又真的理解了付出的人並不就是最偉大的，而學會謙卑，許多時刻，我們付出愛，受益的卻是我們自己，那承受我們愛的人，是給了我們機會學習無私。

你在夜深人靜時會被那可能發生的傷害驚嚇，但天明時你又長出了滿滿的力氣，繼續爬梳自己，試著要讓自己內心陳舊的傷逐漸地復原，因為你知道，你越是強壯清明，自信獨立，越能抵抗人生中不可避免的別離來到時的崩潰，將來無論是何種形式，你但願你能長得夠好、夠健康，你但願那悲傷的時刻到來時，你已經學會不懼怕，也不憤恨了。你從最初那個「倒數計時」的癡情女孩，變成了一個「無論如何，我總是祝福著你」的溫柔強者。

「但願我們通過或長或短的相遇，可以更理解自己。」

「但願即使到最後一刻，我都沒有違背愛你的初衷。」

關於「變心」

「你去過好多地方，談過好多戀愛，傷過好多人的心啊！」夜裡早餐人突然這麼說。

我趕緊陪笑臉，「我們以後也可以去。」

「我的心被你傷最多次了。」她低聲說。

我趕緊抱住她，說：「以後不會了，我已經長良心了。」

即使非常小的事我也都牢記著，也不是介意，而是珍惜著所有發生在身上的事，那可以使我理解生命的奧祕。我回想起那些時光，納悶著自己為何這樣或那樣，那些到底是不是愛，而愛情又為何使人如此惶惑，為什麼我無法堅持，是什麼讓一開始美好的愛，變成以「外遇」來結束的關係？

遭遇情變時，我首先想到的就是自己也曾變卦，那感覺非常奇怪，並不是不愛現任，而卻就是突然又愛了多一人，那是夢境般的感覺，本來是在美國，突然又置身在香港，時空錯亂，但心中隱隱覺得，都不是這樣啊，這些都不是我要去的地方，於是滿路逃竄。

我們總說，愛是自由的，但愛可以像夢境那樣跳躍嗎？心可以無限的分割嗎？當你愛的人另有所愛，你是否就該放棄你們的關係？你如果還愛著他，是否可以等待？這世上有破鏡重圓這回事嗎？

努力到底是什麼，為什麼有時候看起來那麼像糾纏？

我想，有一種為愛所做的努力並不是為了挽回，你的言行也不是為了發洩憤怒與悲傷，不是因為留戀著過去的美好，更不是不甘心不放手，也不是「是我的我為什麼要放？」

你還在原地等待，你靜靜如往常作息，你給他傳簡訊，你為她寫情書，

時移事往，什麼感覺都變了，她可能會冷酷地說：「對不起我還要想一想。」他可能會閃閃躲躲地問：「不是說好要讓我靜一靜？」

你無計可施。

你一直努力是為了什麼呢？是不是想著，倘若這只是一場走岔路的夢，迷途的他可能會很驚慌；是不是你只是想著，噩夢過去時，她醒來還可以看見你？

努力可以，放棄也可以，愛是自由，是祝福，是無論我是否在你身邊都希望你快樂；是其實我很難過啊，但我好像也可以理解你為何這麼做；是其實我不理解你為何愛上了她，又無法做出抉擇，但我知道，如果你想走，我不會勉強。

可以努力，可以放手，就去做真正能表達「愛」而不是表達「需要」的事，他可能是迷了路，也可能已經找到真愛，就大哭一場，兩場，三場，你一定會覺得末日來臨了，盡情哭吧，你可能會想著「我再也不要相信誰了」，痛快地哭吧。

前方還有路，只是暫時看不見而已。

讓自己靜下來，因為即使心碎，也要守護自己的靈魂，守護著若你還相信的什麼，他談了新的戀愛，你更要寶愛自己。

關於「活著」

倒不是說活下去的人比較勇敢，但在面對絕對的難堪、心碎，甚至背叛、傷害時，活下去是重要的關鍵，因為以「愛」之名，即使受辱受傷也不能在那時反過來傷害與汙辱，因為倘若我們能活著，就有機會可以看見自己是否真正去愛，是否能在對方不愛、不要、不想了，還能堅持初心，倘若我們繼續活著，便可以在痛苦中思索那些熱戀時覺得天經地義的諾言，「我永遠祝福你」、「我願意保護你」、「我只是希望你快樂」，撕裂我們心靈的，有些是因為不被愛，而另一部分是愛不到，最致命的往往是「後來改變了」。

被愛確實無法控制，但我們總是可以選擇去愛，去原諒，甚至不問任何原因，僅僅是因為無論是否擁有，我們都真心祝福對方好。世事總是在改變，對方會改變，愛情也會改變，所以我們才要如此謹慎細心地學習認識它的變化。

只有已經死亡的愛才一成不變。

但失去是痛苦的，被愛過後又不愛了也是痛苦的，眼睜睜看著愛人去愛他人了是痛苦的，被描述成「無法好好相處的人」是痛苦的，發現自己無法給他人幸福是痛苦的，不能心滿意足是痛苦的，但愛其實就是痛苦的，因為我們收起渺小的自我中心，頭一次去認識他人，感受他人，認識他人，因為我們發覺無論如何去做，也無法保障安全，如何付出也無法得到一樣的回報。

但這就是訓練我們勇敢、成熟、獨立，從渴望愛邁向可以愛的過程，去承擔那些痛苦而不成為憤懣、虛無、逃避的人，去理解那些痛苦使得這些相愛的過程變得可貴，因為繼續活著所以我們可以成長。

這一切真不容易。

可是，我們還有其他做法嗎？

因為承諾了去愛的同時，也就承諾了對生命這一重量的承擔，但是，倘若我們有耐性，願意忍耐著度過痛苦，隨著愛的力量的增長，那些曾經使我們哭號的問題，會在一次一次的失落裡得到答案，就是活下去，並且不放棄去愛。

即使只是在心裡默默地，在遠處靜靜地，即使那甚至與你無關了，你也知道，因為持續保持愛而不是怨怪，使你鎮靜而不會使你瘋狂。不會摧毀你僅有的。

沒有人愛我們，被不愛了，對方說他沒感覺了，她遇到真愛了，他迷失了，她後悔了⋯⋯

沒關係，讓她自由，給他祝福，我們還是本色做自己，還是那樣堅毅生活，那樣笑著哭著，一點一點把愛從頭學起。

關於「承諾」

你問我，為何都是鼓勵大家如何去愛，如何維繫關係，卻從沒有說關係在何時該停止，什麼樣的關係只會傷害自己，何時是「離開」的時候？

以前的我會覺得這問題很重要，因為我也曾陷入無法掙脫的痛苦關係，花去一年多的時間分分合合，最終仍以遭受暴力而分手收場，那些時光裡，關係對我而言如同噩夢，而且是醒不來的噩夢，許多個無眠的夜晚，進退不得，幾近瘋狂，無論怎麼做都避免不了傷害，想要「和平分手」根本不可能，那時，「被愛」對我來說，是一場災難。

最可怕的部分永遠是在於「罪惡感」、「負疚」，令人不解的一直都是「為何在一起了就是永遠」、「分手等同遺棄」、「愛情為何是一種一旦開始就無法解除的關係」、「難道沒有交往鑑賞期」、「為何所謂進入交往，對方的生命就成為我的責任」？

在那些分分合合、爭吵、哭泣、吼叫的過程裡，許多時刻我已經對愛放棄了，我對自己這個人也是放棄了，明明是在「同意繼續努力的前提」底下繼續交往，卻總是有一種「不得已」的感覺，有一種「不如此做自己就罪大惡極」，「我果然是如對方所說的是個不懂愛，無情無義的傢伙」，於是在半推半就，半是懷疑半是心虛的狀態下，在其實自己也還需要依靠，自己也還有「到底還愛不愛他呢？」、「可是他為了我這麼痛苦，這一定是一種非常強烈的愛」的種種疑惑，還有「說不定努力下去我可以成為一個懂愛的人」、「說不定只要做到他希望的事我們就會快樂」，各種複雜混亂的心情交錯，總是還惦記著剛交往時彼此喜愛的樣子，總是會想起當他不發狂的時候其實非常可愛，總是心軟，總是軟弱，總是被那些纏繞著「為什麼不愛我」、「為什麼愛了我又不要我」、「你其實愛我只是你不知道」、「請給我機會努力」、「你不知道我有多痛苦」一句句聽起來情真卻又充滿憤恨的話語，總是會在離開的時候接到他「可能會尋短」的電話，總是會在一個閃神時發現自己又落入了「重複又重複的劇情裡」……鬼打牆似地神思恍惚度過一天又一天。

如今我回看過往，仍覺得更多還是自己的問題，面臨每一個選擇，我都選了錯誤的方向，看起來毫無選擇，但除非已經是刀子架在脖子上，否則，我依然可以選擇。

但那時，我沒有選擇「愛之以德」，沒有選擇「誠實以告」，沒有選擇「不愛也是一種愛」，沒有選擇「承認自己有愛的心意，但愛的能力有限制」，甚至，我該在第一時間選擇承認，或者說認清，那只是「喜歡」而還不是愛，因為幾乎是在第一個相處較長的時間裡我就發現「不是那樣的」，「我無法以戀人的方式與他相處」，「我無法與他建立一種成熟而對等的愛情關係」，然而，那個時間點，我發現對方已經整個依附我，且我知道（他總是強烈地表達），因為擁有過往被遺棄受傷經驗的他，無法再承受一次那樣的傷害。

那樣的傷害？

整個世界的重量壓在他身上，而我是那個必須還他一個公道的人。

漫長時間過去，回想那些對話時刻，我不知我為何會那樣地相信，且以為自己應該負起那個責任，我們其實交往才一個月吧，我們對彼此所知都只是「根據對方的描述」，甚至更多都是根據「對方的情緒反應」，根據「幾乎像是故事大綱那樣的過往人生敘述」。

我想，一定是因為，那時的我，也深深感覺自己是個不祥的人，我也深為自己曾經離開過那許多人，自己曾經犯下的錯誤，做錯的決定，自己曾經經歷的許多「連自己都搞不清楚前因後果如失控列車墜落懸崖」的愛情經驗，於是，我以為所有一切可以在一次「成功地扮演責任承擔者」，「我終於不會再傷害別人了」的劇情裡，得到救贖。

對啊，那時我們都把愛情當作救贖，把情人當作求生的繩索，把交往當作「找到幸福的機會」，把同意交往，視作「承諾不離不棄」。

怎麼回事？

很長時間裡，我總以為自己是咎由自取，很可能是我自己希望可以這麼想，給自己定罪，是一種比較容易的詮釋方法，很久之後，我才知道，我完全可以做出不一樣的選擇，但我選擇讓自己認定自己是受害者，卻繼續扮演「遺棄者」的角色。

實際上，進入一段彼此承諾的愛情關係，哪有這麼容易，這麼快速呢？要從兩情相悅，彼此意愛，到決定交往，到進一步交往，到深刻交往，到進入對方生命與生活範圍，到真正開始觸摸、看見、分享，曾經只是羅列如故事大綱的「對方的生命」真正是怎麼回事，到經過一次又一次見面，更長時間的相處，那些「自我描述」都成為時間累積出的「具體事實」，你們才可以算是差不多真正開始認識彼此了，你們幾乎才要從無法喘息的欲望裡神智清楚地可以好好交談，可以進一步確認彼此「下個階段」，可能才正要從愛意的萌生，進入到愛情關係的確認，而在此時，非常有可能你們發現的不是愛情的確認，而更多是幻滅，是清醒，或許是一種「唉呀對不起弄錯了」，或許是一種「對不起我還沒有準備好」，或許是「我非常喜歡你，但你想要的那樣的關係，我目前沒有能力做到」，或許非常簡單，只是「喜歡沒有順利變成愛情」。

後來的我知道，即使是一段已經承諾的關係，愛是自由的，誰都可以自由地喊停，因為我們沒有將對方視為所有物，即使難免失落，難免心傷，難免痛苦，我們也沒有權利阻止對方離去，更何況，是一段尚未承諾的關係。

那麼，當兩人熱戀時那些「我永遠愛你」、「我們永遠不要分開」、「我絕對不會傷害你」的語言，到底是怎麼回事？那些最後都會變成對方控訴你的呈堂證供，而該死的是當兩人濃情密意時刻，誰也無法阻止那些話語像蜜一樣流淌出來。

那些都是真的。也都是虛幻的。其真實就在於它的不可靠，那些就像花在盛開時會綻放香氣一樣自然，飄過即逝。要將那些當作是「誓言」，得等到彼此清醒的時候。

關於這個話題其實可以寫很長，現在的我只是會想到，或許，真正的承諾，從來都不是承諾不離不棄，而是承諾「因為愛你，所以一旦那一天來到，我願意讓你離開」。

後來我回想起那些刀光劍影的日子，不再感覺恐慌了，我想，如果我足夠勇敢，足夠理解愛，我就會知道如何拒絕，該怎麼選擇，我就會知道如何去分辨責任，如何以正確的方式去愛。那樣的方式，甚至可以不是基於愛，而是基於對一個成人的尊重，我們看待對方為一個「獨立的個體」，他不是孩童，不是寵物，有自己人生必須面對，必須處理自己生命的難題，我可以選擇不讓自己對號入座地落入對方的指控，甚至不去煽風點火地擴大「自己的重要」，面對對方傷心的眼淚、憤怒的言語、激動的行為，要依然相信自己判斷。

但以上這些「都是非常困難的」，然而，除此之外我們別無依傍，因為愛不是一齣戲，承認自己還不懂得愛，願意盡力但能力有限，相信或者期許自己無論如何都走在前往愛的方向，並非意味著只要交往就永遠不得分離，許多時候，基於對愛的尊重，我們必須選擇離去，因為，真愛是不受威脅，不受恐嚇，不能被勉強的。

我想，與其告訴大家何時，以及如何離去，我更想思考的依然是如何去愛，因為，只有學會愛，才能學會好好地離開，才能學會如何面對「分離」。

關於「分手」I

年輕時我是個懦夫，高自尊低自信，容易戀愛也容易分手，敢愛不敢恨，提起時姿態優雅，放下時吃相難看。

我們為何愛上一個人，後來又感覺不愛了？我們為何對某人一見鍾情，在一起之後卻發現是噩夢一場？為何，剛戀愛時是如此快樂，分手時卻變得那麼恐怖？為何，當分手的殘酷、暴力、傷害發生時，我們甚至連自己都責怪？為何，分手這一過程可以使天使變成魔鬼，說出多年後都還令人無法忘懷的恐怖話語？

2763
OBAYASHI

OBAYASHI

早期的關係，自己或他人多有三角，幾乎都是欲望的俘虜，彷彿做不得自己的主人，我早早就對愛情失望，感覺那不過是，「以誘捕之名，行獵殺之實」，那時對我而言，愛情危險而殘酷，你不知道自己會遇上誰，你不知道遇上那個人時，你單身或有伴，對方亦然，我還不知道也不相信這世上有所謂的承諾，婚姻也是，在我來說，什麼都是會改變的，任何愛情都禁不起誘惑。

既是如此不明不白的關係，最後結束得不清不楚也就是必然。

連夜出逃的有，藕斷絲連直到終於連不下去的有，漸行漸遠的有，人間蒸發的有，差點被殺的也有。

男女都有。

就是沒有和平協議分手。

我從不覺得自己清白無辜，很長時間，我對自己的所有一切，都感到深惡痛絕，我在愛情裡不但看到自己的卑劣與醜惡，也看到他人的自私與殘忍，我看到的愛，像地獄，人人被愛燒灼，被欲望、嫉妒、猜疑、占有、仇恨、附身，都瘋狂了。

或許我一直是最瘋狂的那個，或許，我以為不瘋魔不成活，不欲仙欲死不叫愛情。

很長時間裡，我都還記得那些大聲的叫罵，那些口口聲聲說愛你，為你痛苦發狂的人，他們因愛而發出怒吼，她們對你下的判斷、譴責、描述，受傷的人是危險的，他們可能並不知道自己正在說什麼，倘若我們夠勇敢夠理智，會知道那一切不過是因為「受傷」的反擊，甚至，那些惡言惡語，可能是「求救的訊號」，更可能，當對方說出詛咒的話，其實也只是想說：「求求你不要走」，「請你繼續愛我」。

然而，我太年輕了，一聽見惡言惡語，只想逃跑，只想跟這人立刻斷絕關係，我那自信太低而造成的高傲，使我無能力理解他人的痛苦，也沒有辦法處理爭端，妥善處置，彷彿除了逃走，除了表現得就像對方所描述的那樣「自私、殘忍、不負責、無情」，沒有其他方法。

我只想立刻從現場離開。

我太弱了，那些叫罵的句子，每一句都像利箭插入我的心，用來證實我確實不值得愛，過往那些愛，也不過就是因為對方還來不及了解我的真面目，於是，愛是不可能的，至少不會發生在我身上，愛，那些無緣無故就愛上我的人，我不知道他們愛我什麼，但我知道，很快地，他們就要恨我了。

我不相信愛，不相信自己，不相信任何人，我不相信那個所謂愛的東西，那明明從內心自然湧動，像泉水似地，最開始，沒有任何想望，你只是好喜歡好喜歡這個人，想靠近她，想與她說話，想跟她一起做許多事，想吻她……但後來都變成痛苦。

很長的時間裡，我只能藉著獲取更多愛，來證明自己還是好的，即使那無疑飲鴆止渴，但我太弱了，我甚至不懂得我做的每一件事方向都錯誤，只會導致自己更加懷疑自己。

夜裡的噩夢，情人的臉猶如惡魔，那些憎惡的話語，纏繞著我。

與早餐人的第一次分手，我們也沒有分手或協議任何事的行為，大約是那時並不想分手，也無能力深談任何後續，整個被無力感包圍住了，我總是不知道那時我們如果有能力平靜坐下來討論，是否會說出「我們分手吧」這樣的結論，但兩個不想分手也無力繼續的情人，唯一能做的，就只是等待時間為他們解答，兩人在形體距離上分開了，幾乎也可以說是分手了，只是，不是因為不相愛而分手，只是無法繼續了。

所以後來各自的交往，不是外遇，也不是劈腿，我們還原成兩個單獨的人了。

那是第一次，無論我做了什麼，她沒有開口對我說一句重話，即便是那可能是我闖下最大的錯誤了，即便她是那麼傷心，她也不忍心說出傷害或傷心的話來使我自責，那是第一次，有人相信即使看似殘忍如我其實膽小脆弱，即便，她也沒說什麼來挽回我們，因為不忍責怪，所有話語都吞下肚，等著時光消化，使它說出口時不只是怨懟責怪……所以，我們沒有上演你死我活，哭哭啼啼，吵吵鬧鬧的局面，就是那麼靜靜地，日復一日地，從彼此生活裡淡出了……

很長時間裡，我感到困惑，那樣是對的嗎？那樣無聲無息也是愛嗎？直到如今，我想，那是必要而不得不的做法，至少我們沒有毀掉那份愛裡彼此最重視的事物。我們沒有怨怪對方。即使後來沒有再相逢，時間到了，我們還是會寫信，寫那封遲來的信，說明彼此的處境吧。我們終究是可以諒解的。

因為那被保留下來的，才是真正的善意，是真正無悖於愛的，即使在沒有能力愛的時候，即使覺得對方傷害了你，即使覺得被拋棄有多麼痛苦，即使，口中忍不住要說出什麼來宣洩，然而，內心深處的自己，都知道，都應該知道，那不是愛，正在那樣做的自己，是正在傷害人也傷害自己的。

我不知道人到底要經過多少時光，多少戀愛，多少事件，才能真正學會這些，無論在一起或分手，都能勇敢面對，承擔重責，處理問題。我不知道我自己要經過多少學習，才能真正從過往歲月裡那些我傷害你你傷害我的記憶裡，淘洗出真正的善意，忘卻其中的醜惡，但我逐漸地，逐漸地已經不討厭自己了，我永遠記得老師對我說過，「過可以改」，下次不會那樣做了。

因為過可以改，所以不再沉溺於自責，不再用怨懟來逃避，不再靠著否定自己來逃避面對自己的痛苦，因為過可以改，所以要心如明鏡，端端正正望向自己，過去種種已經過去，無論對錯是非，不再追究，我覺得，如果一開始是真愛，不是欲望作祟，寂寞使然，一時興起，那麼，無論最後如何，愛還是會被保留的，只是，因為能力的問題，或許情人們決定不在一起了，那也只是行為上無法在一起了，如果可以說出，「愛還是存在的，只是改變了形式」、「我們平靜地協議分手」，我不知道，我想像著，或許恐怖的分手畫面會減少許多。

但這些，是後話了。因為不懂得愛，怎麼懂得如何和平分手？

我想，我們可以做的，也只是要求自己吧，可以撫平過往的傷害，可以改過，可以讓將來的每一日都更接近自己。

你是值得愛的。你是值得愛的。你是值得愛的。

關於「分手」II

奇怪啊總是記得一些分手的前兆，比如在一個從沒去過的高檔餐廳，遇到精神散漫的服務生，牛排特別難嚼，蝦子不新鮮，有人一直在發脾氣。比如一次好不容易才等到的兩人出遊，頭兩天都非常美好，回程那天卻在火車站鬧翻了。比如，意外地提早下班回家，本想說去租個DVD，可是店裡公休，沒辦法先回家吧，卻撞見不該見到的。

有痛分手，無痛分手，自願分手，強迫分手，主動分手，被動分手。

怎麼分都痛。

猶記那時光，那畫面，那慢動作近乎停格永遠也轉不過去的悲傷畫面，突然有人開口：「我們分手吧！」幾個字已經在其中一個人心裡醞釀很久，或者是天外飛來一句台詞，說出口的那人自己也嚇了一跳。

難道事前並無徵兆？

「有問題已經很久了。」

「但為什麼總是第三者出現時才要提分手？」

「有外遇的人不一定錯。」

都有道理。但痛苦是一樣的。

夾雜了第三人的分手總是比較慘烈。

「這不是我要的人生！」你對著鏡子說，聲音沒發出來，「我們分手吧！」你又說，難道不是因為愛上其他人？「不，不，」你疊聲說，你要自己堅強起來，這次無論如何不以外遇作為遁逃。留下來面對問題。

但要怎麼面對？

「本來很愛後來不愛了。」「還是愛你但好像不是那種愛。」「你很好不好的人是我。」

「你很愛我可是我不快樂！」

有很多說法，但沒有一種方式不造成傷害，怎麼辦？「他會死的」你想到，多少次他說過分手就去死，你赫然驚覺自己沒有路可走了。

他會死嗎？如果……

生活變得一片混亂，生活變成一種掩飾，生活充滿了謊言，生活變成需要逃避的日常，生活已然成為看不見出路的黑暗隧道。而任何一個路過的人可能成為你衝出去呼救的對象，但你呼救的方式卻變成了「曖昧」。說「我愛上別人了」好像就是比「我覺得不愛你了」容易，更省力的方式是順水漂流，等到被發現了，強迫分手。

年輕的我們，就是無法面對愛的問題，因為每一個問題都是大哉問。於是以為換個對象一切都會好辦。

「可是他那麼愛我，為什麼我只想分手？」

這是世間難以解說的謎之一，但我想，有一種愛的失去會讓人心碎近乎死亡，但有些人，卻是即使自己背負著地獄般的痛苦也不願以此威脅所愛之人留下來，我們的愛無法保證使對方快樂，但至少我們要知道當他不快

樂時，他有選擇離開的自由。

自己軟弱也是，無法做出決定也是，離開了又回來弄得人更加心痛也是，明明是彼此的感情問題卻要拉下第三人作為脫身的藉口，感情是善變的沒錯，愛情的萌生理智也無法壓抑，但我們可以選擇，這段關係尚未結束，先讓另一段冷卻。

愛是不受威脅的，但我們也必須做到心安理得，愛不是立刻分手就能解除的承擔，但關係的改變確實可以使問題更加清楚，這些，從來都是選擇的問題。

不要為了貪圖，不要軟弱，不要自欺，當然也不欺人，愛有如明鏡，無論是以生命做威脅，或是把軟弱當藉口，或者只是漠視關係的變化，以為「你愛我就不能拋棄我」的怠惰，愛就這麼點滴從指縫洩漏了，掏空了。

「該怎麼辦？」

年輕時的我也因此到處逃竄，從一人逃向另一人，陷入更深的深淵，我也曾是那被留下來的人，眼睜睜看著別人快樂，我也曾咬破嘴唇硬逼著自己結束一段歹戲拖棚的關係，覺得這次自己一定會瘋，可能會死，我也曾……

「每一次」我都以為自己沒救了，幸福是與我無緣的東西，曾經發生在我身上的事，使我變得殘破、不潔，將來沒有人會接受全部的我，真心愛我。

當你一次一次經過愛的試煉，倘若你一直仍相信著愛的美善，傷害會使你痛苦，卻無法摧毀你內在最珍貴的核心，你就是願意學習去愛，願意付出，你知道許多問題源自自己內心與過往，「現在能力不夠，但還會繼續努力」，你像個辛勤的學生不受挫折干擾，專注地學習。

不虛無，不自棄，不逃避，即使真的那樣了，也設法讓自己回來，經過漫長的痛苦迷失的時光，你依然注視著，努力尋找著，那茫霧中你曾經執著相信的一盞綠色燈光。

某一些分手是成全愛，因為不愛也是一種愛，即使無法成全愛，也成就了自己往另一段人生景況走去，你永遠不知道還會遭遇什麼，你現在很痛苦，還看不見將來。

將來是那種你忽然回想，發現自己歷盡滄桑啊，卻依然天真，你胸口彷彿還堵著痛，還可以觸摸那些故事的輪廓，眼淚的苦鹹，但你還是完整的，你以為破裂的還完整地存在，你變成更為柔軟、堅毅、強大、自省的人，你懂得孤獨的力量，你體會過心的自癒功能，因為你真真守護著靈魂，那是誰也無法摧毀的，後來的你，就走進了自己也想像不到的遼闊天地中。

每一次分手都是珍貴的。那會讓你更靠近愛。

關於「放手」

總是要藕斷絲連好多次，才知道自己是她的備用方案，她離開你，又回頭，再離開你，你依然希望她回頭，每一次你的態度越低越低，復合時越沒安全感，你不知她為何愛你，也不知她為何突然不愛你，你更不知道的是，在愛與不愛你之間，為何總有個他人來攪擾。

該怎麼辦？

可是你們曾經那麼美好啊！那份記憶足以支撐你到老，但獨腳戲要怎麼演？劇本改來改去無所適從，可是你想到，愛就是付出，愛是自由，愛是包容，那麼等她或求她回頭有什麼不對？

你漸漸不理解自己了，彷彿有條繩子無形拉住你，喜怒哀樂都隨之起舞，但最恐怖的還是她說要離開，說她愛上別人了，你記得那是第一次，你感覺身體整個鬆掉了……再沒有人對你呼來換去，耍任性，使性子，但你寧願她壞啊，至少她還想要得到你的愛。

你徹底不理解自己了，付出毫無怨悔，但內心日益空洞，她在你身旁，但你就是感覺虛空，你問她愛不愛你，她支吾其詞，你說「不要再離開我了」，她眼神閃躲，你問：「我到底哪裡不夠好？」她終於說：「愛情本來就不是保障啊！」

你要什麼呢？但那個人對她不好，你一看也知道對方就是玩玩，你知道她孩子氣，容易被欲望沖昏頭，你知道可能是相處久了沒有激情，可能是你都太縱讓她了，她想要更多刺激，重點還是你捨不得讓她傷心，你看她為那人哭泣，你的心碎了兩次。

迷失的感覺像走進霧裡，可是你確定你愛她，你確定那樣的癡傻只有對她一個人才有，你在霧裡穿行，一再撞到樹，重複跌進坑洞裡，絕望的時候，她沒有扶你一把，但愛是不計較的，所以你前嫌盡釋，只要她回到你身邊。

前方濛濛曖曖，你都懷疑自己的愛了，為什麼愛讓人這麼痛苦，如此無奈，你期待著她的消息，盼望她終於理解你才是最愛她的人，可以從頭來過。你日夜想著，她愛我？她不愛我？她的哪一句話是真的？我可以相信什麼？

你騎著摩托車穿行整個大台北，去接她，酷暑的午後，熱汗使你眼花，你覺得這條路漫無盡頭，約會完了，你還得把她載回家，這五十分鐘路程，象徵了你的人生此刻，重複迴旋，不知為何而來？但你在路上了，因為她在等，你不敢慢，你唯恐自己不留神，她又離開了。

偶有這樣的時刻，在等紅綠燈，安全帽下的臉頰發燙，看著路人穿過斑馬線，你腦中像有個什麼喀嗒一聲，你想掉頭回家，你真想這麼做，你真想傳個簡訊問她：「可不可以好好愛我？」你無聲地哭泣著，只是想要好好談個戀愛，為什麼弄到迷失自己？你把車停在路邊，熱浪如淚，都分不清是不是在哭。你累了，你累了，你累了。

我想，或許很久以後，你才會知道你一直有選擇，你可以放手，不是因為不愛，更可能是因為愛，你不忍自己因愛迷失也不願將來有日你要恨她，更因為當時那份美好啊，你不要看見它的衰敗，你放手，讓她去經歷自己的人生，你心中還是祝福的，只是不願意再當她的救火隊，你想到，自己可以為她做的最好的事，其實不是接送，而是成長，是堅強起來，對啊，那份牽牽掛掛的愛其中隱藏了你對失去的恐懼，那種「無論如何我永遠等你」的保證，那「無論你做什麼都沒關係，我都會包容你」的心態，更多的背景只是為了挽留。

放開手，真的東西會留下來。

那麼失去的怎麼辦？

失去的，就如四季變換，本就自然！

你是因為要實現愛才放開手，失去的也是你愛的證明。

或許需要很久，或許只是一個念頭，你會突然明白，你可以有別的方式去愛，你可以把命運交到自己手上。

你要放開她，這次是真的了。

關於「艱難」

你問我，什麼樣的艱難，分開會比堅持在一起更好？

愛情裡有許多艱難是慢慢發生的，現實的問題（經濟、出櫃、事業、距離），親友的接納，彼此的磨合，時間的考驗……有時，你根本不知道問題出在哪，但他卻說「想要一個人靜一靜」，他說：「我覺得你值得更好的人」，他說：「有人比你更愛我」，或者他說：「我對你的欲望消失了」。

每一句都很像謎，但句句擊中你心。

你回想著自己做對或做錯的事，確實，某些時刻，你也看見自己的軟弱，比如你掙的錢不多，比如你無法向父母出櫃，比如你因為工作忙碌而忽略，比如，你明明有心要愛，他要的你總是滿足不了。

失去就在眼前，好像只剩下一根細絲維繫著，太脆弱了，他說要走，他說想要去經驗世界，才能知道自己是不是最愛你，他或者說：「我感受不到自己對你的愛了，我需要時間讓過去的感覺回來。」

甚至很簡單，他只說：「我要跟她試試看。」

失去已經在指尖了，但你還想奮力一搏。

你想起那些關於愛情的道理，你覺得自己還有很多進步的空間，過去沒做好的，現在開始努力，已經造成傷害的，希望有機會彌補，至於那些無能為力的（出櫃、經濟、事業、距離），但願他可以包容理解。

但你沒有勝算，即使他說他還在乎你。你感覺到有人入侵了。

你感到緊張、恐慌、憤怒、哀傷，但重要的還是想著，現在我該怎麼辦，做錯一個決定就會是永遠的失去。

無論要做什麼決定，先問自己，那麼你還愛他嗎？你想要如何去愛他？靠近也好，遠離也好，堅持也好，放手也好，無論什麼決定，都是出自善意，出自尊重，出自理解，「我知道這是因為愛」。

我無法確知放手讓他去嘗試之後會發生什麼，因為你能做的也只是關於自己的部分，我無法知道你們是否還能像過去一樣，因為這是關於未來的事，面對他混亂的心，你只能設法讓自己鎮定下來，愛是會改變的，有時會變得更壞，但也有變好的時光，難以預料。

什麼樣的艱難會讓分開比堅持在一起更好？因為在一起是兩個人的事，倘若有一方覺得分開比較好，那麼應該堅持的就是那份祝福的心意。這道理很簡單，但你一定會害怕，倘若他只是迷失了，之後過得不幸怎麼辦？或者說，你真正害怕的是，自己還沒有努力挽回，就這麼失去了。

我覺得堅持有很多方式，努力也是。

無論他是否選擇我，我都真摯愛他，即使我的愛看起來並沒有作為，那是因為有些作為會使他為難，有些作為，會讓他困惑，有些作為，會種下往後憎惡彼此的原因。

什麼都不做的話，他怎麼知道我還愛著他？他怎麼知道我會等待？他怎麼知道我還想努力？他怎麼知道我還想堅持下去。

那麼就簡單地表白吧！「我依然愛你，未來也想繼續愛你，但如果我的努力會使你為難，我會努力只把愛放在心裡。」

可以做很多事，但是基於愛，而不是為了爭取，不是為了彌補，而是「對不起我愛的能力不夠，所以正在慢慢學習」，「過去發生的傷害，往後我會盡力不重蹈覆轍。」

愛需要更長的時間來驗證。

可以堅持，但你知道那是你自己的努力，你對於自己的承諾，「無論你選擇什麼，我都祝福你。」

我想，最應該堅持的，是這份祝福的心意。這個階段，失去像雲朵飄浮在眼前，你無法想像接下來的光景，那可能會很恐怖，那是愛的一部分。

無論如何，要守護自己的心，那份愛的心意，是始終的，你靜靜不打擾，堅定表示愛與祝福，這是一份成人的戀愛，你知道你會努力守護那份誠摯。

或許他會走向別人，或許他會走向你，或許，你也會走向別人，或許，你會一直等待。

關於愛的學習，這可能是你經驗的第一次難關。要告訴自己，失去會使人悲傷，但你心裡真誠的愛誰也傷害不了。

但願所有一切發生都像是對待一個心愛的人那樣，自始自終，不讓悲傷恐怖的情況發生，我們愛一個人，從來也不是為了得到什麼，可以在一起很好，不能在一起，也盼望自己能安靜收藏那份愛，感謝他讓你從這個關係裡，學會了珍惜。

關於「再相遇」

你問我，什麼狀態下還保有「再相遇」的可能？

相遇，再相遇，一再地相遇，我們與戀人總是處在茫茫人海裡等待著突然偶遇的狀態，你知道她是誰，或你不知道她是誰，你等待著，儘管你不知道愛是否隨之而來。

放開手，分散了，兩人各自在彼此不能見的地方生活著，你祝福她，但心中仍不免期盼她的幸福是與你一起，而你的幸福是因為有她的愛，彷彿還是昨天的愛情，明天已經不屬於你們了，但更久以後的未來呢？在剛放開手的時刻，手心還殘留餘溫，視線裡都是昔日，你不免會想，「再相遇」、「如果還有機會」、「第二次的可能」，成為你支持下去的動力。

與早餐人分開後的那些年，漫長歲月裡，我設想過許多種「偶遇」的可能，我曾在路上，在街邊，因為某個與她相似的身影而追趕，我甚至會在各種電影裡看見與她神似的角色，在這麼小的城市裡，似乎沒有不相遇的可能，但又覺得不可能再見面，或者說，我害怕著那樣的相見，我害怕重逢時我們已經是陌生人了。

那些時光，無論思念如何，因為我總覺得自己做錯了事，傷害了她，不敢自認還能帶給她幸福，甚至不認為她還願意見我，還有可能愛我，「我們」已經破裂了，我自己的人生繼續，孤獨或戀愛，或者戀愛裡也孤獨。好像在等待，也像沒有等，因為感覺對她最好的方式就是從她的世界消失，我放棄了一切可能「尋回」她的努力，那樣的情況裡，如今回想，是另一種深刻的愛。

有些愛，不會因為放棄努力而消失，也沒有因為不相見而淡薄，正如有些愛，沒有因為朝夕相處而永保如新。

你能做的，也只是守護著這份愛的純淨，不刻意去追求，也不刻意地等待，只是靜靜讓一切沉澱，看時間最後留給你什麼。

在分開的日子裡，痛苦、寂寞、悲傷、懊悔，甚至憤怒，種種情緒流轉，時間也緩緩經過了，你會有自己的遭遇，不必為了等待那份可能的相遇而拒絕與他人的相遇，因為愛情是兩個人的事，關於愛的學習，一個人很難成立。

不要害怕去愛另一個人，也不因為寂寞刻意去追逐，雖然這兩件事是非常可能會發生的，發生就發生吧，只是心中要牢記著，但願自己不再重蹈覆轍。但願你總是真心愛著。

或許你們會再相遇，誰也不知道未來還有什麼等待著你，但我想，只要你還是可以愛的人，只要還保持著對於愛的信任，對於愛不懈的努力，可能總是在的。

但更可能的是，因為保持著那份愛她的心，使你不虛無，不喪志，不走向毀滅，後來你走向了更寬闊的人生，然後你知道，愛一個人，從來也不是為了擁有，或許你再也不能成為她的愛人，她卻以另一種方式豐富了你的生命。

關於「背叛」與「謊言」

不，其實關於背叛我沒辦法說什麼，這太難太難談了，你說，那關於「謊言」呢？

這似乎是相生相成的問題，困難啊！對我來說，曾經是那背叛他人的人，也曾經是那被背叛者，曾經在各種原因底下說了謊，也曾經被各種原因底下的謊言所傷。

我曾花去很長的時間，發狂似地思考，「謊言」與「背叛」到底是什麼，為什麼這兩個字眼如此沉重，甚至我無法去使用它，與你相戀的那人在你不知情的情況底下與他人約會，上床，再約會，再上床，你都毫不知情，某些時刻你以為或她對你說她正在做些什麼，後來當然都是跟那人在一起，等到你發現這樣的事實時，「為什麼要背叛我？」「為什麼要欺騙我？」這些老套的字眼在我腦裡轟鳴，但我就是無法說出口，因為我非常困惑，「她與別人約會」這事為何輕易地與「背叛」、「謊言」勾連在一起，但不這麼形容，又沒有言語可以描述，那時的我，精神上受到重大的打擊，語言也彷彿被困住了。

年輕時，輕率貪玩也有，命運擺弄也有，缺乏自信也是，我曾幾次扮演那個辜負他人的人，「背叛」、「謊言」、「傷害」這些罪名轟轟轟往我身上砸，即使我想說，不是那樣子，似乎也沒有更好的說法，而從根本上認定了自己就是那樣，當時我對愛的不夠了解，對自己更是認識不深，只覺得愛情恐怖。能使自己與他人都變成惡魔。

我想，當這些事發生在我們身上，首先要做的，都是冷靜，儘管這幾乎不可能，人一聽到謊言立即的生理反應就是「過去被推翻了」、「歷史被改寫了」，產生像骨牌倒塌的連鎖效應，被欺騙的一方立刻進入「那過去所有的事是不是都在騙我」，說謊的一方馬上知道「完了，他再也不會信任我」，無論在一起多少年，一個關於「與他人的性」的謊言，改變了一切。

這世上有各式各樣的謊，但關於愛情的謊言特別具備這種改變人格與歷史記憶的威力。

冷靜下來要做什麼呢？首先不要進入「清洗記憶」的步驟，不要推翻一切，第二呢，有能力的話，先聽聽對方怎麼說。

這也很難，因為你不想再聽到謊言了，但你是不是有能力有意願或有必要聽真話呢？未必盡然。但在那時，無論聽到什麼，都是傷害，他對你坦承，那是二度傷害，他對你撒嬌，那是再度欺騙，他對你承諾「不再說謊」，那是種下將來又騙的惡果。

況且你當時必然又氣憤又悲傷，若不是指天罵地，就是大聲哭嚎，甚至可能準備跳樓輕生，割腕自殘，你的世界崩毀了，我還要你怎樣冷靜。

這可能是事先就要練習的思想習慣，無論發生什麼，先弄清楚青紅皂白，事情前後，無論多麼悲傷，都不要出口傷人，或傷害自己，人要想戀愛，這點是職前訓練。

在那段發狂思考的日子，我最苦惱於「為什麼她與別人戀愛我會如此痛苦」，一般人會想，那是當然的啊，她是你女朋友！

這是必然的嗎？

「不，最讓我受傷的不是背叛，而是欺騙。」有人會說，但我覺得這是電視台詞。

我深刻的感受是，「我覺得被羞辱了」、「別人都知道了我卻被瞞在骨裡一定會嘲笑我」、「這麼簡單的謊我卻沒辦法識破真是太笨了」、「她明明跟我說對那個人一點感覺也沒有，我竟然相信了」……

簡單來說，這些感受裡，大多是「因自我受傷」而起，對方說的謊，對方做的事，大多是為了她個人的歡快與便利，說謊也只是為了讓事情順利進行，並不是因為我「很好騙」更非為了讓我「受到屈辱」，至於別人都知道了而我卻不知情，當然，因為我是女朋友啊，最應該隱瞞的當然是我。

那為什麼說謊？因為說實話行不通啊，若老實跟我說的話，我難道會答應嗎？「晚上要跟某某出去約會」，若她老實跟我說，我有把握自己會說：「好啊，外面天氣冷要穿外套」嗎？不可能。

那為什麼明明知道這麼做我會難過，會不答應，還要執意去做？一定是因為不夠愛我？我想，人在某些時刻，確實會做使所愛的人難過的事，而且是明知道會導致難過，還不顧一切去做了。

為什麼？

因為愛情很複雜啊，因為關係不是那麼容易就順利的，因為……戀愛總是反映著自己與他人真實的樣子，因為曾經說愛你的人，可能也會愛上別人，可能會軟弱，可能貪玩，可能對自己缺乏控制力，可能你們的關係已經變質她想要尋求出路，可能她習慣性說謊，可能她自私，也很有可能，她怕你想不開。

我聽過許多劈腿的人說過，之所以不敢對現任提出分手而寧願偷偷摸摸，是因為「她說如果我跟她分手她要去死」。當然，因為這理由劈腿，而且持續進行而不解決問題，這也映現了自己的自私與軟弱。但時常以死來作為愛的保證，你以為這樣會有安全感，但卻是製造了重量級傷害的可能。愛是不受威脅的，被威脅而生的愛，容易變質。

然而，什麼時候起，當你愛上一個人，他就立刻變成你的責任，他的生死就與你息息相關，到底是什麼原因，使我們覺得當一個人說愛我，就代表他必須永遠愛我？他的一切都是我的？

兩人關係裡，存在著不成文的規定，有些人會將之說出口，寫成約束，變成諾言，那就是「一對一」，有些人更在兩人尚未相互認可之前就又加了一條「一對一，直到天長地久」。

這彷彿已經是愛情的基本配備了。

然而我要對你說，這樣想有很大的問題。

且不說人人感情狀態不同，年齡背景出身以及獨立與成熟的能力也都不同，是否已經可以負擔長久而深刻的關係還不可知，我覺得愛情最重要的不是「一對一，一生一世」，這是戀人們熱戀最盛在想要結合為一體的欲望最強烈時，不自覺產生的念頭，那是愛情中的激情與靈魂契合時刻最美的誓言，然而，那只該當作參考，當作一種愛的表白，而非契約。即使是已經許下誓言締結婚姻的兩者，也該知道，倘若有一天有所變卦，那也是愛情生滅的一部分。

愛情是非常複雜的，因為人的感受、情感、情緒、反應、成長、機緣就是一長串無法預料的過程，不是你一古腦盡情去愛，付出一切，就可以保證愛情不變，重點是，愛情會如何變化？我們該怎麼辦？

我覺得無論如何都保持善意，不管發生什麼都不以暴力相向。凡事誠心誠意，但量力而為。守住這些，無論遭遇什麼變化，都不迷失自己。

因為愛情本就是人生最好的修煉場，戀人不是所有物，那是來與你共同學習愛的對象。你們應當互相尊重，學習理解，使對方更自由，而不是盡力去擁有。

回到謊言的部分，謊言使我們受傷，最主要的原因是安全感被破壞，另外是像我過去那樣沒有自信的時候，會以為別人對我說謊，是在看輕我。

再來，當然也是信任問題。

不過，我覺得這些問題都是在一般時刻就要面對考驗的，對一個人的了解是逐步累積，且未必會成功的，我們甚至連對不了解的人，也要求忠誠，然而那是不可靠的，我們往往把「背叛」當作天災，把「謊言」當作人禍，是因為我們認為那不該發生，然而那卻是真的會發生的，而重點在於，如何使它更溫和地發生，甚至避免那發生，以及如何善後。

一般人不去想這些，或者用一種奇怪的方式去想，比如檢查手機、發票、訊息，不知是為了防範，還是已經察覺不對，或者覺得只要這麼做，就可以控制災害，或更嚴重的是，完全不去想為什麼，只覺得想這樣做，可以這麼做，有資格這麼做，當對方不讓我們看，我們就生氣，或者，偷看。

有些時刻，面對感情的變異，你發現對方另有情人，你也被某些謊言欺騙了，你傷心、悲痛、哭嚎，但你選擇原諒，重修舊好，他也願意回到你身邊，然後他又欺騙，又背叛，你一次次「受到傷害」。

我在想，這過程一定很痛苦，但，或許有些東西可以避免，或許在第一次謊言之後，就該知道謊言之所以傷人的原因，而慢慢在這些原因裡找到出路，因為人漫長的一生，總是會遇到謊言，謊言只是語言的一種方式，成因很多，別人不敢對我們坦承，我們有責任，對方習慣性什麼都要說謊，當然他得負責，但無論誰負責，都不是你死我活的局面。或許我們能在謊言之中理解真實的事物，如果你夠冷靜，你已經脫離危險期，且時光已經寬慰了你。

如果你已經選擇了諒解，就諒解到底吧，當然不是意味著一定要統統隱忍，而是，若你是基於愛而選擇諒解，你會知道，恢復信任需要一些時間，正如他要從另一人身邊轉回到你身邊，也需要時間過渡，已經產生的傷害感覺，需要時間，需要理解，需要溝通，可能也需要些運氣，當對方欺騙我們，當對方與他人感生情愛，我們所能做的，不是自認為偉大或「你看我多愛你」的選擇接受，而是要在「我知道愛不占有，但我真的很難過，可是即使這麼難過，我還是尊重你的選擇」，你選擇了等待、原諒，是需要能力的，而不是因為對方保證不再傷害。

你可以在這段時間裡，學習認識自己，試著釐清你不放棄是因為愛，或只是因為害怕失去。

不放手是不是因為不甘心？

倘若你諒解到底，你會知道，後來他又騙你了，可能因為他真的更喜愛對方，可能是因為目前的關係使他緊張，可能是他根本還沒有想要安定下來，還有一種可能，你在認真思考的時候，他選擇了逃避不想，只憑喜好做事。

但不要因此自傷自毀，或許我們愛上的，就是一個還未成熟，還無法安定，還不懂得愛人，還仰賴著他人的善意過活的任性情人，但那還是一份美好的愛。

你可以選擇諒解，但也可以諒解而選擇離開，你也可以選擇讓這份感情與憤怒悲傷都暫時擱置，先離開這個處境。

一切自己都還是可以選擇的，即使選了，做不到，就像對方做不到一樣，那就從先再選一個方式，無論怎麼做，都可以調整，往讓彼此都好的決定而行。

愛情不是生死契約，愛情是人在自由意願底下相約的互動，它完全來自自然，絲毫不能勉強。

當你受到欺騙，試著釐清，釐清不了，就將它存放心裡，世間有許多人力不可逮的事，我們真心待人，對方可能無力回應，更何況我們可能並沒有那麼平靜，對方更不敢說出自己真心所向。

請不要對愛絕望，對自己喪志，我想，我們可以做的，是如何即使受到欺瞞、傷害，還依然保持著內在的完整，保護自己愛的初衷，然後提醒自己做一個柔軟成熟獨立自信的人。

即使曾經有謊言，即使那可能叫做背叛，但誰也毀棄不了那曾經美好的部分，就是那些部分，使我們願意繼續去愛，使我們還要更努力學習，讓自己成長，因為真正成熟堅強自信的人，可以從一片荊棘裡，拿出那朵玫瑰。

關於「選擇」

你問我，該選擇放手？還是堅持？放手了可能一輩子就形同陌路，繼續堅持又得在強迫自己當朋友的情況下患得患失，已經嚴重影響到自己的生活了。

我想說，愛情裡幾乎時時遭逢選擇時刻，比如表白，比如承諾，比如離開，比如堅持，比如放手。

更有許多細微的選擇，充滿了戀人們的生活。

當你放手的時刻，你永遠不會知道是否還有下一次機會；你不會知道

痛苦要多久才會消失；你不會知道，對方往後還會不會記得你；你不會知道，自己可以孤獨地愛他多久，在這些未知之中，如果你選擇了放手，原因非常簡單，你只是希望他快樂，即使讓他快樂的方式是離開，即使或許將來他會後悔，即使，人總是在改變，誰也不知道被改變流向的河，將成為如何的河，它只是一逕地向前，被改變了，依然向前。

你不是沒有選擇，但或許沒有一個選項在此刻不是帶著痛苦的，但我們總是希望在這些痛苦之中，至少是朝著愛，而不是為了躲避痛苦而來，正如當我們有機會愛著的時候，我們願意盡力去愛，而不是享受著「擁有」、「被愛」的滿足。

有些放手很像堅持，或許該說，那些放手的動作裡本身就帶著堅持的意志，她說只能當朋友，她說我沒感覺了，他說還是分開比較好，他說我還是想要跟她在一起。她說不愛了，他說雖然還愛但是沒辦法了，或者她說，「不要再見面了。」

這些那些，每一句都可以撕裂你的生命。

然而我在想，無論是愛情的開始，或是愛情的盡頭，我們無法讓對方對我們不離不棄，甚至我們自己也無法在還強烈愛著的時候突然變身成為一個朋友，我們唯一可以做的，也只是守護那份愛的心意，知道放手是為了不摧毀那份美好的愛，而在放手的時刻，心裡同時還是堅持著祝福與信任，一份愛存在過，它會在某個時空被完善地保存下來。

走到盡頭了，來龍去脈也還弄不清楚，想彌補，想挽回，想努力，想要奇蹟發生，希望一切只是噩夢醒來又回到過往的甜蜜。

勇敢地走進去吧，真正的愛之中也有能力不足的時刻，很抱歉無法在這樣的時刻繼續當朋友，但那份心意是比若無其事地當朋友更慎重的，或許有一天會找到在現實裡還能相處的方式，或許不能，或許慢慢地你會成長，能克服自己的不能夠，患得患失，以及企圖挽回，最終回到最初那份單純地愛的心意。

或許，那些都不會發生，你們會成為彼此生命裡的一段回憶。

放手或堅持，選擇之中不變的只是，我們是為了愛而選，而不是為了需要，我們總是選擇成全對方，而不是滿足自我的。

當你真正去做了朝向愛的選擇，那份激烈的痛苦有天會鎮定下來的，因為那時你已經知道，有些愛不拘形式，不為時空阻隔，看起來似乎已經不是兩人世界，但這份愛人的心，會讓你克服失去的痛苦，而有機會進入下次愛的學習。

勇敢地選擇那對愛最好的方式，然後承擔起這條路徑迎面而來的痛苦與磨練。這會使他自由，也會使你成長。

關於「傷害」

在大街上看見他們的時候，你的夢遊就開始了。

目睹他們出現，目送他們離開，你跟上，談一談，他離開，你留下，沒什麼，只是恰巧遇到。沒什麼，只是朋友的牽手，沒什麼，你別多想了。

沒什麼，再想下去就是傷害你自己了。

夢境或許開始得更早，會不會在多年前，你已經預示到一切的發生，你一直在做準備，好像也沒準備，終於慢慢走進愛情裡了，生活也要邁向安定，某日走出房門，迎面而來的畫面將你擊潰了。

不忠。你一直不願意去想的兩個字，卻像字幕一樣打在你的視線裡，日夜跟隨你，連夢境裡也不肯放過。

不忠。你四處逃竄，為的都是想擺脫這個詞彙的傷害。你盼望能找到一種，更為符合你的情況，更能詮釋他的作為，以及不傷及愛情的說法，你知道愛不是占有，但為何看見他拉著別人的手，還是感到心臟從胸膛裡爆炸了。

為什麼是我？為什麼如此待我？我做錯了什麼？許多許多為什麼，把你逼向牆角，還有更多為什麼，把過去變得扭曲，你幾乎快要不記得那些使你們相愛的理由了，你記憶裡的他，他對你陳述的世界，以及你們一起創造的過往，小屋裡安靜的庭院，鍋碗瓢盆，冬日的火爐，記憶像融冰不留情地消蝕，你沒想到最後記得的，是那樣一幕令人心碎的畫面啊！

你把臉貼靠牆壁，腦子裡有大火在焚燒，為什麼世界如此待我？你知道心裡最深的傷痛都是被最親的人背叛，為什麼這樣的事無論怎麼小心都無法避免？為什麼即使對你理解最深的他，也還要用一樣的方式再傷你一次？

你幾乎都不哭了，大街上都是歡樂的人們，你的痛苦好像也被歡樂稀釋，一切都是夢，是噩夢深處還有另一層的噩夢，你麻木了，但不明白為何感官已經麻木的人，身體裡還會有無法抑制的東西在繼續碎裂。

如果你在我身旁，我會給你一壺茶、一條溫暖的毯子，把客房布置好，帶你去散步，或者，你什麼都不要，你想哭就哭吧，想大聲喊出來也沒問題，想要靜靜地，就把貓抱在懷裡，想睡覺，就躲進溫暖的棉被裡。

我們在這裡。

我要像說床邊故事那樣告訴你。你沒發瘋。你不會的。從小到大的遭遇，早已將你鍛鍊成比你自己想像中更堅強的人了，你只是暫時迷失、斷線、當機了而已。

要提醒自己，這只是一段夢遊，醒來，還要回到真實世界來的。那時候我們會幫助你，把自己重新建造起來。

要相信自己，人的意志可以穿透我們目前「以為」的定義，無論是對自己的看法，或對世界的理解，那現在稱之為傷害的事，未必可以傷害得到你的核心，你對自己的信任，可以將它挽救成一場皮肉傷。

你或許會問，但傷害就是傷害啊，那是結結實實的傷害啊！到底為什麼結局非得布滿謊言，使人混淆，無法確定呢？為什麼自己連應該離開、留下、原諒，或決絕放棄都想不清楚，好不容易稍微理智一點，就會有新的事證再一次地傷害呢？

關於愛情、欲望、忠誠、信任，人的脆弱，語言的迷魅，一時間我也不知如何說，但我可以確定的是，無論多少謊言，那些都是暫時迷惑你的事物，那會將你帶到一個全新的、無所依靠的場所，那會勾起你的舊創，使你感覺生不如死，你確實一無所有了，我知道你既心痛又驚慌，這些年，到底為什麼一步一步走到這裡了，絕對的死角，沒有出口。

把頭轉過來吧，試著從原路走出去，即使那路口擋著的，就是讓你最痛苦的畫面。

想想最初，當愛情來臨之前，我們也是孑然一身的，當那個人還沒變成如今這個令人無法信任的人之前，我們對他卻是一無所求的，「一無所求」、「一無所恃」，那時的我們，最接近愛情的本質，我們不要保證，不求回報，不計得失，因為心中早已知道，這是一段遭遇，戀人是你的友伴、老師、家人，也是最好的鏡子。

或許想想最初，你會更心痛了，但是，無論多麼心痛、混亂、悲傷、憤怒，這些都是珍貴的情緒，去感受它們，真正的愛有些時刻會化身為魔鬼般的考驗，像刀子將你一刀一刀削去，珍惜這個前所未有的痛苦，若你熬過了，你會走進人生另一個階段，你會變得更成熟。

我知道這個階段最痛苦的，是「困惑」，各種互相矛盾的情緒、念頭、行為，以及「何去何從」的焦慮，這時候你一定還無法處理「信任」、「原諒」、「理解」這些龐大的問題，這階段，你只要護住自己，不要讓腦中出現的傷害性念頭把這一事件，擴大成無法回頭的永久性傷害，無論任何情緒，就讓它自然出現，自然消失，你要像溺水時抓緊救生圈那樣，抓住心中最珍貴的信念，我不知道那對你來說是什麼，但一定有，找到它，保護它，然後循著原路慢慢走，找到出口就往比較明亮的地方走去。

能付出愛的人，是生命真正的強者，你認真地付出過，可以毫不心虛地往前走，即使是痛哭不停，你依然是個有能力愛的人，這比什麼都重要。

關於「結束」

有些關係選擇的困難在於對方已經放棄，而你只能選擇等待或放手（或答應繼續做朋友），有些關係的難處在於，對方並不想分手，但他做的事超越你的底線，你在溫水裡煮著，只因為看起來你愛我我愛你，但不知道為什麼，有些事你就是知道不能繼續下去，你已經透支了。你的人生已經不斷朝他的方向修正而偏斜得無法行走。再下去你可能要發狂了。

要毅然結束一段還愛著的關係，要毅然拒絕那從來不曾提出分手的人，非常困難，但正因為還愛著，還有能力達成最後彼此不傷害的結束，你背起包包在深夜裡出走了。

寒流來襲的夜裡，我不知道你想了些什麼，我猜想，一定是反反覆覆想著「為什麼」吧？對於愛的真諦，你都清楚領會了，你也一點一滴努力做到了，不束縛，不綑綁，祝福，幫助，自由，到底為什麼心裡總是過不去，你知道他愛自由，你也願意給他自由，但真的有人介入其中了，你還是受不了。

我想說，沒關係的，這不是愛的問題，這是能力的問題。做不到的事，不需勉強。

不勉強對方改變，也不勉強自己放棄理念，你堅持要一對一的關係，並不是戕害對方的自由，關係是在愛情之上建造了一個可供情人居住的屋子，要在現實上可行，而規則雙方自訂。期望對方忠誠，是個人選擇，不是過分的要求。

然而還是要鼓勵自己從傷害的撕裂感，慢慢回到愛的初衷，做了決定，忍耐著胸口碎裂的感覺，無法抑制的哭泣，忍不住想怪他，但又不是真心的恨他，你離開了，看起來是不愛，其實是基於愛的緣故。因為還愛著，所以不願見到對方終於越過「背叛」那條線，不願讓過去所有建造起來的美好，在最後時刻倒塌，不願揭穿那些過去你曾經承擔起來的傷害，你只是輕輕地說：「我無能為力了。」

無能為力也是一種愛的表達。

我不知道你還會去哪兒，騎著摩托車，背著背包，就像你在那些大山大水裡獨自旅行，愛情也是一場旅行，有些旅伴可以為你的人生帶來不可思議的翻轉，讓你的人生粲然豐富起來，但要與他成為人生伴侶，可能就是一場身心俱疲的考驗。

我總覺得你變得更堅強了，即使也哭了好幾天，結束的到來會像在偶然的電台裡聽到一首你最心愛的歌曲，你站在店鋪裡，側著耳朵，等到音樂完全結束了，才回過神來。

結束了。

但那是另一段旅程的開始。

我想，我們還可以期許自己變得更強大一些，走得更遠，讓世界豐沛的樣貌再一次一次地改造我們的生命，我們愛過，未來也還會愛著，如何溫柔地結束一段關係，是在愛的學習裡最重要的一段路，別懊悔，別清洗記憶，現在看起來一無所有，那麼就從頭開始吧，你終於可以擁有一段屬於自己的人生，可以專注為自己設想，把僅有的力氣用於自己的學習，有一段時間你會非常孤獨，夜裡總是會流淚，往事會一次一次襲擊你，脆弱的時候你會分辨不了自己是否做對了決定，許多人會跑來問你「怎麼了」，你會在一次次的解釋裡哭得沒有力氣，我猜想，你還會在很多地方流浪，是真的流浪了，住著朋友家的沙發，尋找明天過夜的地方。

守護著自己，守護著對愛的信念，慢慢地重建自己，投入這段刻骨的孤獨裡，我知道你不害怕，你只是傷心而已。

沒關係的，里昂．布落伊寫過：「人心有些地方原先是不存在的，要進入受苦之後才會出現。」你比過去更完整了。

如果見了面我要擁抱你，我會告訴你，你是最棒的，這些年你為了愛所做的努力一點也沒白費，它使你變得複雜、豐厚、脆弱，卻前所未有的勇敢。

關於「失去」

我也曾在發現情人外遇時，陷入無法自拔的種種猜想裡，現實似乎已經被撕裂，「真相」並不存在。你心中的對方，人格已經破產。

令人感到恐怖的，除了所愛的人每日每日都在變形，越來越令人陌生，最可怖的還是眼看自己的變形，在那些緊繃焦慮的狀態裡，明知道任何一種情緒化的表現於我都是不利的，然而現實令人悲傷，不斷出現新的事證，令人惱怒，「為什麼要破壞我們美好的生活？」我不只一次這樣想。

我記得為了不要再聽到謊言，也不願意看見自己失控，我宣布了「暫時分手」，解除一切權利義務關係，不見面，也不聯絡。

我慶幸自己還有個小房子可以待，我沒有在一次次的愛情裡完全失去自我，那個小屋無論是租來買來，都成為我救命的場所，我就待在屋裡，除了下樓吃飯，一直拚命地讀書，好像書本裡會有我亟欲找到的答案，那些我並不認識的作者，可以回答我所有問題。我花很長的時間用電腦鍵盤打日記，企圖理清自己腦中的亂麻，思緒非常凌亂，我只能一句一句把那些狀態寫下來。雖有埋怨，也有失落，但更多時候，是對自己的反省，對陷入戀愛中日漸麻木、依賴、不願做出改變的自己，徹底的凝視。

很久之後的現在，回想那段時光，我想，當時人雖然在小屋裡，我可能已經跋涉上萬公里之遙，在自己內心的幽谷，在重返自己的密林，一次徹底孤獨的旅行。

愛情不是人生的全部，它只是照亮我們的鏡子，戀人不是我們生命的支柱，失去他我們雖然會心碎，可能連外在也破碎了，然而，有什麼是你永遠不願意失去的嗎？有什麼是你即使面臨巨大的痛苦，也不願意放棄的？在我來說，是開闊、良善，不落入俗庸，不任自己軟弱，不因為愛情的傷害就讓自己傾斜到八點檔連續劇簡易的是非善惡裡，我們會在失戀的過程裡看見自己的脆弱、狂暴，甚至卑鄙、醜陋、不堪，然而，那些都只是心碎的反應，是生命裡舊創的反撲，要讓自己沉靜下來，因為無論是誰，可以傷害我們的心，卻不能奪去我們的信念，因為現實一種、兩種、無數的可能，經過這些，我們應當期許自己變得更遼闊，更真摯，更有力，而非自暴自棄，重回老路。

我總覺得愛情是這樣的，在一起的時候使你感到充實，失去的時候，還會讓你體驗到堅強。

才不白費了一場曾經真心的相愛。

關於「不能沒有你」

你問我你想要改變自己，你真的無法失去她，你願意盡一切的努力，只要可以挽回這段愛情，你到底該怎麼做？

我也經歷過這樣的時刻，感受到失去的沉重，日夜生活在恐懼裡，我曾經跪在地板上向我根本還沒有信仰的天上神佛，向無明的所有神祕力量祈禱，我願付出一切代價，只求回到相愛的時光。

那時我還不到三十歲，我真以為失去愛情，失去「這個人」，我的生命會全然改觀，我會找不到生命的意義，沒有勇氣看見隔日的天明。那是一段極不快樂的戀愛，那是一段退了又退，改了又改，放了又放，等了又等，只求自己「適合他」，只希望「回到相愛裡」的漫長歲月，我就像吸食毒品那樣地，無法戒斷，無法理解「為什麼會從極度的相愛」變成「單方面的等待」，像鬼打牆似地，無論走多遠，還是像必然的回歸，有什麼我不理解的力量將我帶回原地，我離不開，他放不掉，愛情慢慢變得像是恩情，變成一種道義。

多年以後，我完全沒有變成我當初以為的那個「適合他」的人，我沒有變成任何人需要的樣子，我只長成了我自己。我安然地活著，比當時活在愛情裡更加強大，更完整，更富足。

不是因為我擁有早餐人，而是我長成了一個真正獨立、成熟，有能力去愛，而不是因為恐懼失去，害怕孤獨，焦慮遺棄，期望著愛情能無所不能，期待只要被誰深深愛著，就可以治療創傷，得到救贖的「渴愛者」。

多年以後，我才理解當時的自己，是他多麼沉重的包袱，當時我滿心以為的愛，更像是一種溺水者抓住浮木的勒索，是一種「指名救贖」的心態，更多年以後，我甚至感謝他當初很快發現自己的「無能為力」、落荒而逃，我感謝自己終於痛下決心，結束這段引鴆止渴的關係，沒有助長我軟弱的習氣，讓我有機會真正去面對自己人生的難題。

我想對你說，這世上最可怕的關係，就是那種「不能沒有你」的愛情，真正使人想逃開、想躲避的，就是這樣「失去你不能活下去」的心理，沒有人應該或者需要來承擔另一個人生命全部的重量，做別人生命的拯救者，沒有人應該只是因為愛上你，就要變成你這個人「生死存亡」的關鍵，當你說「我不能失去你」，當你心中真出現這樣的念頭，實際上你已經在推開這段關係了。

「不能失去你」聽起來像是最美最崇高的愛的禮讚，對於真正的愛情關係，卻是一種最可怕的威脅。

愛情是強者的道德，不是弱者的依靠，真正的愛不是因為需要，而是有能力付出。我們真正深愛一個人，是期盼自己的愛能為對方帶來幸福、自由與力量，而不是因為我們害怕失去對方的痛楚。衡量愛的深度，不是因為失去他有多痛苦，沒有她的生活有多麼恐怖，而是，為了使你幸福，我寧願承受失去的孤獨。

我想對你說，生離死別，有太多情況會使我們失去所愛，我們要學習的就是在這種必然失去的前提下，依然願意勇敢的付出；我們要學習的是，在面臨失去所愛的恐懼中，看見自己內在的黑暗，看見自己的缺失，看見自己的惶惑，因為想要學習去愛，願意勇敢起來，走出被愛、被照顧，可以依賴的舒適，做一個更加獨立的人。

不要害怕，即使你必然害怕，因為你從不知道，失去一段愛情，無論是多麼美好的愛情，絕對不會使人致命，因為真正美好的愛情不會失去，它甚至不需存在真正的時空裡，會改變的，只有關係，一個人離開你，無論是因為任何原因，都不是我們失去求生意志的理由、原因或結果，除非我們並不真正愛過，我們只是把對方當作毒品，當作依靠，當作使自己無須思考、不用對生命負責的理由。

大多數的惡情緒、患得患失、迷惑、茫然、無法自制，都是因為你已經預設了「不能失去」，因為你以為在愛的同時，實際上是鋪設了一個讓愛走向死亡的通道，慢慢地窒息這段關係。

你應該怎麼做呢？我不能教導你挽回，也無法告訴你如何避免失去，但我知道真正的愛，往往是在「不害怕失去」的前提底下，自然地湧生，真正可能讓愛情充分生長的，是自由與力量，而非毀滅與恐懼。

靜下心來，去面對可能的失去，不要告訴她你如何不能失去她，不要反覆對自己說，我絕對不能沒有你。或許你可以說，謝謝你曾經給我的時光，失去你會很痛苦，但我願意承擔這份痛苦，因為我知道，我有一份想要愛你的心意，不是因為需要，不是因為孤獨，不是因為軟弱，而是一份純然想要與你共同創造一份生活的意願，因為真心的祝福，期望你能幸福。

你知道嗎？愛情是這世上少數越是用力追求，越是害怕失去，就越會失去，越會逃離的事物，因為它全然不受控制，完全只能從內心真誠地發生，然而愛情也是最自然，最不需抓緊的事物，你越是獨立，越是成熟，越是懂得與自己的生命共處，你就擁有更多愛的能力，與愛的可能。

這麼一大段時間，你都忙碌於焦慮如何不失去他，那麼現在、此後，花一些時間，試著想辦法與自己共處。試著面對自己的生命裡各種創傷、陰暗、恐懼，先回到自己身旁。

安靜下來，就從「害怕被遺棄」這個始終糾纏你的恐懼開始吧，開始一點一點認識自己，不是透過他人的眼睛。我知道路還很長，我知道這一切很難，別放棄，因為那是真正去理解生命的路途，那是唯有自己才能拯救自己，自立而後能夠愛人的道路。那是一輩子的事。

關於「友誼」

你問我，眼看好朋友感情陷入混亂，一再一再自毀自傷，傷人傷己，唯恐她走向毀滅，做朋友的該如何幫忙？

我剛滿二十歲時，生命裡的第一段戀情就是不倫戀，當時的我初嘗戀愛滋味，卻立刻愛得粉身碎骨，親人朋友都以「為什麼好好一個人要這樣？」的眼光看我，責罵也有，阻止也有，斷絕來往的也有，我自知得不到祝福，更往黑暗裡遁去，那時，我也是出不了櫃的戀愛，自覺背德，又覺得愛情無罪，為了堅持愛情，與親人朋友決斷，人生無比悲慘。

畢業後，我一直做著勞力的工作，回到家默默寫著「不知該如何是好」

的小說，愛情斷斷續續，生命中沒有一件事可以得到肯定，貧困而孤獨，我自覺已經走上與其他朋友都背反的道路，別人的關心，聽起來都像阻止。為了不讓人阻止，我主動遠離。

一直到三十歲，沒有一段感情是旁人可以自然理解的，我自己也不理解，為何平順的路我不能走，為何看來平順的路，我走起來就變成歧路。不被理解，不追求理解，已經成為我保護自己的方式，因為寂寞也好，追尋也罷，甚或只是我非常渴望被愛，卻又不知如何正確去愛，我依然在混亂而難以對人啟齒的各種愛情關係裡，日復一日地自棄。

但那時，我已經出書了，即使寫作一事依然沒有給我什麼現實上的肯定與依靠，即使在寫作裡我也是個怪胎，生活上的朋友幾乎全不來往。可以寫作，是我精神上的依靠。

快滿三十歲，我面對生命中一個幾乎致命的愛情風暴，卻也是在那時我遇到了兩個朋友，一男一女，我們只相處了幾天，之後因為距離遙遠，我幾乎每天寫信給他們，那是我第一次願意，也有能力，將自己正在經歷的無論內在或外在的風暴、混亂、困惑都告訴他們，記得那總是夜晚失眠時起身在電腦前趴搭趴搭寫上幾小時的email，有時我甚至還沒清醒，腦中被狂亂的情境折磨，有時，我徹夜不歸，狂躁不安，也是告白似地一封封信連發，我隱約記得那些信，信裡的字句痛苦得近乎哀嚎，有時又好像已經得到解脫，生活像雲霄飛車，每天都是冒險，而我的信，也如我的生活，全都是自言自語。

朋友們持續給我回信，即使他們都忙，有時忠告，有時調侃，有時只是生活上的鼓勵，但我寫，他們就回，我猜想，他們一定非常擔心我吧，在另一個國度，住在小套房裡，過著混亂而瘋狂的生活的我，在他們眼中或許就在崩潰的邊緣，一個不小心，就會打開高樓的窗戶，一躍而下。

然而那樣的擔心，他們控制住了，無論我遭遇什麼，他們從來不批判我，評價我，好像知道我自己最後會清醒過來，或者知道我必然要經過這麼多漫長而黑暗的試煉，我猜他們也很擔憂，或者也不認同，或許因為擔憂而焦慮，或許我的許多做法，也超越了他們的道德極限。我不知道，因為他們沒表示過，好像只要我還活著，可以寫信，緊急時打個電話，他們就會愛著那樣的我，無論是痛苦的、悲傷的、怪異的、善變的，自己都不理解自己，自己也無法認同或珍愛的自己，看起來就像正在自我毀滅的，那個我，卻被人真正地接受著，不是愛人，也不是親人，而就是兩個在遠方的朋友，他們知道我怪，一併連我的怪也愛進去了。

生命的磨難沒有減少，我依然用自己的方式去處理，幸而我總是可以寫作，我把清醒理智的自己留給小說，而混亂的我，則寫信。

我總是一直在努力，我深信即使看來像是自我毀滅的人，也是一直在努力著的，只是人有時啊，竟要通過那麼漫長的彎路，透過那麼多的言不由衷，透過那麼多次的撞牆，才能打開一條屬於自己的路。

我記得卜洛克的《每個人都死了》中偵探馬修描述他的朋友「米基・巴魯」，此人是個罪犯，「我似乎能做到理解他而不審判他更遑論棄他而去」，「但他們都是我的朋友，我不審判他們，更不審判我們的交情，我審判不起」。

我想對你說，做為朋友的，最重要的也就是這個「理解而不審判」，因為每個人背負著自己的地獄，可能非得親自走一遭，才能救贖自己，但面對這樣一個處在深淵的朋友，倘若能日復一日的支持，或遠或近的陪伴，甚或者就是去聆聽去理解他，而不勸誡他該如何做，只有在發現真正緊急時，才拉住他以免掉落懸崖，我依然相信人心的可能，人只要有機會完全面對自我，只要有機會接納自己，可以在這樣的過程裡，慢慢地修復，逐漸壯大起來。

當然，友誼也如愛情，是無法勉強的，但倘若你真願意做他的朋友，那麼，一句「無論你如何選擇我都會支持你」就是最好的鼓勵。當然，凡是量力而為，清醒以對，就會是一個真正對他人有益的朋友，而，或許在漫長時間過後，他也會像我這樣，知道自己曾經在最黑暗的時候，遇到了人生的知己，那是救命恩人。

私語集

「戀人」

錯亂夢境中，戀人不知為何惹惱了你，你氣呼呼醒來，是深夜，他也醒著，夜裡冷，都不好睡，你還在迷離夢境邊緣，氣呼呼地，搥了他幾下，「為什麼欺負我」，他知道你近來多夢，常在夢中生氣，「我沒有，那是夢」，你們把棉被蓋好，又睡了。

早上醒來，想起夜裡這段，自己倒不好意思起來，有一次是早晨照例做了生氣的夢醒來，氣得心臟噗通噗通巨響如雷，你把他的手抓來，「好痛」，你說，「氣到胸口痛」，他就笑了。

等你終於完全醒來，想湊過去吻他，發現自己落枕了，他就橫過身來吻你。

晨光裡，風涼而冷，他離你很近，就像曾經那樣，那時你們是兩小無猜，而後來，你們可以變成知己。一種更為深刻的，不那麼夢幻的，彷彿一起打過艱難的仗，經歷嚴冬，穿過霜雪，是遠途歸來，身上還覆有落葉，卻又已雲淡風輕。

那時，你感覺，有什麼以為已經遺失的，「回不去的」，關於我們，當你把自己照顧好，當你撥開那些迷亂雲霧，當你不再被妄想纏繞，你可以清楚感受到彼此之間自然而發的情感，沒有阻礙地回來了，或者說，那一直都在，只是我焦慮的心感受不到。

或者說，一起經歷困難，如果能堅強且堅定地度過它，某些事物，就會像淘金那麼樣，會被時間淘洗出來。

或許是你自己穿越了那一場戰爭，而戀人一直在原地守護，或許你們都經歷了變化，或許，那些都是夢，但無論如何，能經歷這些是好的，這讓你們成長，能一起度過這些是好的，這讓你們的愛更真實。

「親密」

房間暗暗的，冷氣變涼了，你碰觸著她的腿，感覺非常熟悉對方的身體了，不可能為了製造性張力而故意弄得陌生，你實在太喜愛這樣熟悉的感覺，沙發上橫陳過的腿，看電視時老人家一樣捏捏搥搥，一起歡呼加油，一起懊喪……

她離你很近很近，就只是這樣，當時間沉靜下來，

是說真正地沉靜了，你可以清楚看見你心中所愛，你可以清楚感受，眼前這個人，無論多麼熟悉，她身上有著你想探索的，你相信時間過去，那最核心，足以打動你的，還依然閃動。

是深夜，還有很多時間……沒有什麼催促著，只有你們倆。

「孤獨」

即使在愛裡，也有這樣孤獨的時刻，孤獨地穿過那彷佛曾發生過的場景，卻又記不起是什麼時候發生、發生了什麼，你感到徹底的孤獨，覺得徬徨，感到心痛，你走著走著，彷佛可以把時間走穿，生命裡一定有某些時刻，或許青春，或許年少，或許早衰，因為意識到自己的孤獨，意識到生命的重量，意識到即將來到的人生，與已經發生過的經驗，那面目相似的重複，與日俱增的困難，你感到害怕，覺得不安，像是在一場醒不來的夢裡，你知道自己已經長大，但夢境裡的自己，還背負著年少的傷痛，你知道自己已經變得堅強，但夢境裡的自己，還嘗受著不斷復返的悲傷。

即使在愛裡，即使天地靜美，有一雙手將你牽握著，但你知道，生命的重擔得自己承擔，自己的問題，得自己解決。

公園裡有大狗，牠們總是三三兩兩地，在秋天的夜裡，即使成群，神色也顯得暗黮，看起來有些像狼。

你想起了曾經某些歲月裡，自己也在黑夜裡穿過什麼危險的地方，年少的自己，曾經想像自己是野地裡的狼。

你一直繞著公園走，像要把記憶反轉，但後來你接受了這一切，只是安靜地走著，聽著風，從很遙遠的地方吹過來的風，你閉上眼睛，好像那是屬於你一個人的，當你孤獨從曠野裡走過，會有一陣屬於你自己的風，這麼吹過來，你拉上外套的領口，把自己包裹起來，告訴自己，如果可以跟這樣的孤獨共處，你就能從噩夢裡醒來了。

「有時」

生活裡，有時要像一個人自在獨立，有時要享受兩個人一起的親密。有時要非常在乎對方，仔細照顧，有時呢，要粗心點，眼光別老盯著她，讓她感覺自在，自己也不會被太多情緒牽動。

有時，想到什麼就說。但有時，某些話最好不要說出

來，最好考慮再三，存放半天以上，說出來才不會導致誤解。有時可以歡快，有時要沉靜。

有時，脆弱時要互相扶持，但有些脆弱，要各自承擔。

這個「有時」，非常需要分辨的技巧。

這麼多規矩、限制，愛起來好像一點也不痛快，但愛就不是來享樂的，愛情裡更多是磨練，磨練這種舉重若輕的反應，這種有益於關係的善忘，學會尊重別人，儘管她的意願可能時常與你背反，給予他人自由，儘管這樣可能會導致你的孤獨。

愛不是要來解決人類孤獨的處境，即使在愛情裡，或許可以使你稍感溫暖，然而自己人生的責任得自己承擔。

儘管這麼艱難，如此多障礙，人們還是努力地想要理解對方，設法傳達愛意，人們還是努力地希望自己學會愛，成為有能力愛人的人，我想，因為愛情裡的艱難磨練，使我們從一個人的孤獨，走向了複雜多變、豐富卻難以掌握的兩人世界，是要使我們從習以為常的慣性裡走出來，有機會長成自己更喜愛的樣子。

「堅持」

生命有許多阻礙，愛情有萬般考驗，也曾讓人茫然無助不知如何繼續了，但無論在何種狀況下，我們還是一起回家吃年夜飯，像是一種堅持，不，就是一種堅持。

我們不是最合適的伴侶，我也不知道這世上可否有合適的伴侶存在，然而一同經歷了那麼多，家就在我們身上慢慢長出來。

我記起一位英國翻譯家朋友的話，那時在飛機上他對我說他與妻子戀愛與結婚的最初九年都是分隔兩地，最遠時一個在英國，一個在非洲，我問他是不是很難熬，他說好難熬，我問他那是怎麼熬過的？他說了一句話：

「要堅持。」

「冷戰」

對某些情人而言，最體貼的事，就是不要猜想，任他有一段屬於自己的情緒空白期，儘管那看起來很像冷戰、冷漠、不理，或者什麼讓人焦慮的事，然而他不想開口，你就給他時間，就像我們也會發生的那樣，讓情緒經過，沉澱，這時的焦慮或猜想只會讓氣氛更緊張，無事變得有事，你且放下心來，知道自己所愛的是個講理的人，而講理這件事，不急，等大家狀況都變好了再說。

讓他可以自由地沉默，也是一種愛。付出這樣的愛，需要自己的成熟與自信。

沉默的期間不宜太久，久而久之就變得太疏離了，要知道冷靜是為了走向溝通，但只要溝通時一出現情緒雙方都可以喊停，先讓情緒緩下來，可以在冷靜時定下一些彼此有共識的規則，例如有人開始大聲，或說出激烈言語，另一方有責任要提醒：「我們現在可否先冷靜一下」，當然有些人會在這種時候情緒更激烈，但激動的一方應該提醒自己，情人不是「有義務」要承擔你的情緒，暫時的冷靜也是為了避免雙方說出或做出後悔的事。

「我們結婚是為了來吵架的嗎？」這是我們老師與師母吵架時用來提醒自己的話，我覺得滿受用的。

「我們相愛是為了互相指責嗎？」這句話送給正在冷戰，或長期爭吵的戀人們。

「成長」

關係裡的一個要點，是學習不依賴，或者該說，相愛是學習獨立最好的機會。

然而這多麼困難啊，如果明明有人可以依靠，明明這人願意當你的支柱，為你做這做那，把你像公主一樣疼愛，如果，這世上有一個人，讓你願意全心為他付出，讓你把愛當作人生目標，為什麼我們不能這麼做呢？有許多人，甚至以「這個人能不能依靠」當作衡量愛情的標準。

但是那樣不好，因為許多愛情的問題，都來自於自信，許多關係裡出現的困難，都是源自於不獨立，於是，我們才要在關係很好的時候學習不依賴，因為愛人的照顧與疼惜容易使我們舒懶，在愛情裡的懶惰，傷害自己也傷害關係。依賴使我們一直活在舊有的模式裡，錯誤相同，傷害亦然，無論是依賴著被愛，或依賴著去愛，而一份成熟而健康的關係，使我們有力量去改善這些積習，面對自己人生的難題。

無論被愛著或愛著的那個，都該學習不依賴這份愛，而是成熟地去付出，且在這份付出裡，看見自己的成長。

如何分辨自己是否愛著對方呢？在我來說，就是這樣日復一日不厭倦的理解，彷彿每天都還能從關係裡看見新的事物，每天你都能這個人身上找到驚奇之處，有時是一種痛擊，使我發現自己的脆弱、缺點，使我痛定思痛，還要更加努力，那不是一種像昏了頭似的狂愛，也不是一種被愛的虛榮或滿足，那些我經驗過，那樣的愛，使人盲目，也使人受傷。

在經歷了許多許多之後，我喜愛清晨、黃昏，喜愛公園裡衣著樸實的人們，喜愛對面人家院子裡掉落的果實，喜愛一日踏實工作之後的休息，我喜愛堅實深遠的愛，但我更期待自己有能力去迎接這樣的愛。

YOU ARE GOOD ENOUGH.
WWW.BUTSUPERSOFT.COM

愛並不應允幸福，也無法因為被愛得到保證，愛是原原本本回到自己身上，使你眼睛透亮，你問自己，在這個人身邊能否使你有勇氣清楚看待自己，這個人能否使你不屈從，不順應，不自欺，但也不畏懼去改變？愛是否讓你堅強，而不是更加嬌弱或自卑。愛不像嗎啡能止住孤獨的痛苦，愛不是需要，愛是在你變得堅強之後，才能自然流洩的，是一股力量。

#「付出」

你以為不付出就不會受到傷害，你以為只要隨時能離開就表示自己很強，於是當你遇上了不想分開的人，當你情不自禁地隨著她的喜怒起伏，你感到恐慌，你甚至悲傷地想，唉，這是報應吧！以前我欠人的，都還給他了。

一直到被狠狠地傷過之後，你都沒有感到後悔，漫長的痛苦彷彿是你愛過的證明，與其活在無法愛人的孤獨，你寧願因為開始學習愛而體驗為愛痛苦的滋味。

或許這是個開始，期望自己學會愛人，不因為一次挫折而退卻，你不想再躲回「只要不愛就不會受傷」的念頭裡，願意試著承擔起愛，以及愛的責任。

你總是沒有安全感，因為開始的時候他還對與前女友的迷戀裡。你擔心他真正愛的還是前女友，於是到處交友以防萬一，他擔心你交遊廣闊最後會離他而去。你們總是在擔心，一段戀情裡，花去許多時間噩夢、恐懼、嫉妒、猜疑，花更多時間偵測、檢查、追蹤。你都快要討厭自己了。

ACUATION PLAN

等到幾乎被恐懼與猜疑摧毀了這段關係，你們才赫然驚醒，「現在不是過去」，「現在也不是未來」，現在，是你們擁有最珍貴的，唯有把握著現在，才能累積出踏實穩定的愛情。你終於放棄去監看他的facebook訊息，他也終於不再盤查你的行蹤，那已經是交往第二年，分手前的大爭執，他哭著說：「對不起，我就是沒有安全感。」你也哭了，說：「我真的以為你最愛的還是前女友。」

「我們可以從頭開始嗎？已經發生的錯誤要怎麼修正？」你們慌張地問。

前嫌盡釋，真心誠意，還彼此自由，而自由卻將你們帶回了對方身邊，像從一場噩夢裡醒來，戀愛才要開始。

「結束」

在愛情裡，一方認定分手，關係就結束了，這是愛情神祕的地方，也是關係貴重之處，它並非合約，也不是責任，完全出於自然，本於自由，「源於兩個人的連結」，還希望留在關係裡的人固然痛苦、不甘甚至感到被拋棄的痛苦、無依、憤怒，然而，關係結束，愛仍然可以被以某種形式存留下來，你依然可以繼續愛著，只是，權益義務關係結束，你的愛也成了個人的事，不能以還愛著為理由勉強，更不能以個人的痛苦要脅。

被留下的那方到底該怎麼辦呢？還放不下要怎麼辦呢？心中不平、不滿、痛苦、不甘、不捨，要往何處去呢？我認為，愛即是風險，付出愛的同時，也就意味著將要承擔失去愛的痛苦，這是愛的一部分組成，誰都無法迴避，然而即使走到最後，即使對方再無理，再無情，那是對方的愛情觀，不是我們的，我們能做的，也只是找回自己愛的初衷，不讓失落與失望摧毀自己，若我們是相信愛的，我們就給予對方祝福，並放手讓彼此自由；若我們已經失去對愛的信心，便讓自己休養生息，試著找回它。若自己仍在重傷、苦痛，無法對話的狀態，也可以試著隔離，離開這令自己痛苦的狀態，若自己還在留戀，渴望挽回，企圖努力，也要告訴自己，這僅僅是個人的努力，不要渴望著對方的回饋。

面臨分手往往比戀愛時更嚴苛地考驗著人們對愛的信念，最後的一關，也要勉勵自己不被自憐、憂傷、虛無、仇恨、軟弱給擊倒。

但願分手能教會我們，愛是自由，不是占有。

「等待」

許多臉書朋友的來信裡，時常問到已經被分手的一方，還在等待著，希望有復合的機會，我想，或許因為我與阿早是分開之後多年再重逢，有過類似的經歷。

當年分手，我們還愛著對方，但她或我是否想著要復合呢？我認為是沒有的，因為當時的情況不容許我們這樣想，當時彼此的能力或許只夠自己保命，只夠維持對對方的善意，無暇計畫未來。

也或許，我們真正知道那份愛在現實時空還找不到可以安放的位置，甚至連將它提起都會使人痛苦，有很多年時間裡，我們從不對其他人說起對方，甚至，也不對自己說，像埋藏一個祕密那樣地，埋在記憶深處。

但我總認為，正是因為這樣，我們才能各自去經歷自己的人生，或戀愛，或工作，或旅行，或低潮，或困惑……無論是那一種狀態，都是在對方不知情的情況底下，在一邊進行著自己真實生命的種種困難之時，思索著「當初發生了什麼事」，那被埋藏起來的愛，沒有被軟弱、孤獨、寂寞、依賴種種情緒打倒，反而完整地留存，被時間過濾、篩選，六年後出土，其中的傷害、雜質，自我投射的情緒，幾乎都剝落了。

我們都在各自的生命裡經歷了愛情的起落，也知道必須負責地去進行、承擔、完善地處理，才有機會在一起。

當初我總認為是自己辜負了她，沒有勇氣也沒有自信去找她，在那些漫長分別的日子，我也過著自己的生活，最早幾年，日子像在黑暗中，後來的幾年，我意識到不能任由自己繼續敗壞，無論是否會再見到她，我應該讓自己好起來，那時，我總想著，或許有一天，我們會在街頭重逢，我們身旁可能都另有他人，但，我希望那時相見，看到彼此都是好好的，即使遺憾，也能感到寬慰。

那時無論是她或我，都沒有想到即將來到的重逢，等待是不需允諾的，等待，也不必放棄自己的生活，等待，不是一座深井，等待，不是一種投資。

等待，就像心裡一個低低的聲音，像背景音樂，你只是向自己許願，希望總有一天再相逢，希望再見面時自己已經是懂得珍惜愛的人，不再犯錯，不再懊悔，你等待著的，不是過去時光的復返，不是已經失去的能再回頭，都不是，你等待的，是時間將心裡的疑惑解開，將迷失的自己尋回，是那個單純想愛人的心不再變成孤獨痛苦的墳場，所以，無論什麼時候想停止，那其實無關他人了。

可以開始，可以停止，可以等待，可以離開，一切都是自願的，無論是否心願得償，但願那一直等待著的人，可以從等待中找到力量，最終知道，等待是為了自己，像是一種修行。

等待必會帶來幸福嗎？

我想不是的，它只是讓你沉靜，讓你靜下來，回到最單純的開始，像坐在河邊望著水流，過去的都過去了，但未來一直來，我們無法踏進同一條河兩次，然而，等你準備好了，涉水走去，世界已經不同了。

有沒有等到回音，那人是否與你說話，時光已經靜靜為你解答了。

我想，最終我們想要的答案，並不是「她還愛不愛我」，而是「我還愛不愛她，我是否可以愛人，我可否重新生活，我能否一直祝福」。

所以我想，對於剛分手的你們，尤其是對方有了新戀情，無論你覺得那個人是否可以依靠，擔心她受傷害，都該是自己退出的時候了，愛可以是不止息的，但那也僅限於心意而已，倘若讓自己變成避風港，對你所愛的人就成了一種軟弱時的誘惑，她若在軟弱或受傷時來投奔你，恐怕又是一次重蹈覆轍的輪迴。儘管你可能覺得這樣是在守護她。某種程度來說，這也是自己的依賴。

讓她去經歷自己的戀愛吧，去承擔起做決定的結果與代價，進而有所成長，而你也去經歷自己的生命，不要做一個待命的騎士，而是真正去生命裡戰鬥，若有一天你們還有機會再相逢，希望也不是因為某人遇人不淑，或被寂寞拖垮，而是彼此的生命都成熟到可以克服上一次相愛時的問題，有能力不逃走。

要愛多久都是可以的，要長久去等待也可以，然而放在你心裡，不要表現在行動上，這是分手後你所能為她做的最好的事。

INK PUBLISHING
印刻文學 396

戀愛課
戀人的五十道習題

作　　者　陳　雪
攝　　影　陳昭旨
總 編 輯　初安民
責任編輯　陳健瑜
美術編輯　黃昶憲　蔡南昇
校　　對　吳美滿　陳健瑜　陳　雪

發 行 人　張書銘
出　　版　INK 印刻文學生活雜誌出版股份有限公司
新北市中和區建一路 249 號 8 樓
電話：02-22281626
傳眞：02-22281598
e-mail：ink.book@msa.hinet.net
網　　址　舒讀網 http：//www.inksudu.com.tw

法律顧問　巨鼎博達法律事務所
施竣中律師
總 經 銷　成陽出版股份有限公司
電　　話　03-3589000（代表號）
傳　　眞　03-3556521
郵政劃撥　19785090　印刻文學生活雜誌出版股份有限公司
印　　刷　海王印刷事業股份有限公司

港澳總經銷　泛華發行代理有限公司
地　　址　香港新界將軍澳工業邨駿昌街 7 號 2 樓
電　　話　852-27982220
傳　　眞　852-27965471
網　　址　www.gccd.com.hk

出版日期　2014 年 4 月　初版
2023 年 7 月 26 日　初版十九刷
ISBN　978-986-5823-71-9

定　價　320元

國家圖書館出版品預行編目資料

戀愛課：戀人的五十道習題／陳雪著
--初版, --新北市中和區：INK印刻文學,
2014.4　面；　公分.（印刻文學；396）
ISBN　978-986-5823-71-9　（平裝）
1.戀愛　2.文集
544.3707　103003701